Robert Simon
Hühnerzucht

AF280138

Hühnerzucht

Verschiedene Zuchtmethoden und ihre Erklärung anhand von Beispielen

Inzucht-Linienzucht-Auskreuzung

Robert Simon

Titelabbildung:
0,1 New Hampshire, goldbraun, und 0,1 Welsumer, rost-rebhuhnfarbig
Fotos: Meinolf Mertensotto

Bibliografische Information der Deutschen Nationalbibliothek: Die Deutsche Nationalbibliothek verzeichnet diese Publikation in der Deutschen Nationalbibliografie; detaillierte bibliografische Daten sind im Internet über http://dnb.dnb.de abrufbar.

Verlag: BoD · Books on Demand GmbH, In de Tarpen 42, 22848 Norderstedt

Druck: Libri Plureos GmbH, Friedensallee 273, 22763 Hamburg

ISBN: 978-3-7693-1952-1

Inhalt:
Schreckgespenst Inzucht

Schreckgespenst Inzucht

Allgemeines:

Wenn es um das Thema Inzucht geht, sind die Ansichten der Züchter ebenso vielfältig wie ihre Argumente. Die einen lehnen diese Zuchtform als schlicht unnatürlich und krank ab, für andere ist sie ein fester Bestandteil ihrer Zuchtausführung.

Es geht mir in diesem Buch weniger um die Antwort auf die Frage, wer nun diesbezüglich recht hat oder eben nicht, wenn sich auch im Laufe der Kapitel ein Statement abzeichnen wird.

Vielmehr möchte ich einen Überblick über das Thema und die Möglichkeiten und Risiken, die diese Zuchtmethode mit sich bringt, geben. Viele kennen zwar den Begriff Inzucht, wissen aber nicht genau, um was es sich in Bezug auf die Tierzucht wirklich handelt. Hier sehe ich Erklärungsbedarf und möchte dem im Folgenden gerecht werden.

Weiterhin werde ich auf die Themen Linienzucht und Auskreuzung eingehen, die Bestandteil einer langfristigen Inzuchtstrategie sind und demnach Hand in Hand mit ihr gehen. Es geht also nicht allein um die Erklärung, was Inzucht an sich bedeutet, sondern um eine komplette Zuchtstrategie, die Linienzucht und Auskreuzung beinhalten muss. Diese sind unerlässliche Teile davon.

Zu alle dem gehören grundlegende Kenntnisse zur Vererbung. Wenn auch der ein oder andere ein wenig auf Kriegsfuß mit den Vererbungsregeln stehen mag, so sind sie, ebenso wie ein grundsätzliches Wissen zur Genetik, für das Verständnis der Materie Zucht entscheidend. Zu Erklärungszwecken werde ich immer wieder, möglichst verständlich formuliert, auf sie zurückgreifen. Doch dies soll ein Überblick über Inzucht und ihre Ausführungsmethoden werden, keine tiefgründige Einführung in die Genetik. Darüber sind bereits genügend Bücher geschrieben worden.

Was ist Inzucht?

Inzucht bedeutet die Verpaarung eng verwandter Individuen. Beispiele sind Onkel-Nichte- und Großmutter-Enkel-Verpaarungen, aber auch engere wie etwa Eltern-Kinder oder Vollgeschwister-Paarungen.

Die Idee hinter dieser Zuchtmethode - und damit der Grund dafür - ist es, bestimmte gewünschte genetische Informationen zu sichern und zu verstärken (Farbe, Kammform oder ähnliches) und gleichzeitig unerwünschte Merkmale in einer Zuchtfamilie zu beseitigen. Das wird erreicht, indem der Züchter die Reinerbigkeit (Homozygotie) der Individuen für bestimmte genetische Informationen erhöht. Dazu später mehr.

Inzucht führt auf längere Sicht zu einer Isolation, einer Festigung des Auftretens sozusagen, bestimmter Gene in einer Linie oder Zuchtfamilie. Ob die Ergebnisse zur Verbesserung der Familie oder zu einem Desaster führen, hängt maßgeblich von den Ausgangstieren, noch mehr aber vom Züchter selbst ab.

Bei Inzucht als Zuchtform ist für gewöhnlich nicht die Rede von einer einmaligen Verpaarung verwandter Tiere. Vielmehr ist sie in den meisten Fällen eine längerfristige Zuchtstrategie, die bei bewusster und kluger Auslese verhältnismäßig schnell zum gewünschten Erfolg führen kann. Hierzu gehören wie erwähnt unbedingt die Bestandteile Linienzucht und Auskreuzung.

Das Entstehen praktisch jeder erfolgreichen Geflügelfamilie oder auch das Herauszüchten von Rassen wurde erst mit einem hohen Anteil von Inzucht möglich gemacht. Züchtungen von Leistungslinien, wie zum Beispiel denen von Legehühnern, wären ohne Inzucht nicht möglich gewesen. Auch bei anderen Tieren wie Rindern und Pferden hatte Inzucht ihren Anteil am Heranziehen besonders leistungsfähiger oder an neue Bedürfnisse angepasste Linien oder Rassen.

<u>Möglichkeiten:</u>

Inzucht bietet die Möglichkeit, sich bei intelligenter Selektion in relativ kurzer Zeit eine Linie aufzubauen, die viele erwünschte Merkmale in reinerbiger (homozygoter) Form in sich vereint. Dafür ist es natürlich vonnöten, dass die Ausgangstiere, also die, mit denen man sein Programm startet, diese Merkmale zumindest in heterozygotem (mischerbigem) Zustand mitbringen. Hier ist es nicht unbedingt Voraussetzung, dass jedes der Ausgangstiere alle gewünschten Merkmale trägt.

Sagen wir, es würde sich um insgesamt drei Merkmale handeln, die in einer Linie dahingehend gefestigt werden sollen, dass alle Tiere sie in homozygotem Zustand tragen, wie etwa eine bestimmte Kammform, Lauffarbe oder Gefiederfarbe. Dabei kann es ausreichen, dass etwa der Hahn eines, die Ausgangshenne die anderen zwei Merkmale in heterozygotem Zustand trägt. Durch Inzucht und jeweils gut überlegte Auswahl der Nachkommenschaft, erhält man am Ende Tiere, die alle drei Merkmale in reinerbigem Zustand in sich vereinen.

Wie das funktionieren soll?

Zuerst einmal klären wir, was genau es mit homozygot bzw. heterozygot auf sich hat:

Wie beispielsweise auch beim Menschen, so hat jedes Huhn zwei Ausführungen eines jeden Genes, genannt Allele, auf jedem Genort. Das liegt ganz einfach daran, dass wir alle einen doppelten Chromosomensatz besitzen. Dieser doppelte Chromosomensatz wird zur Fortpflanzung auf einen einzelnen Satz reduziert. Das bedeutet, dass die Keimzellen (Spermien, weibliche Eizelle) jeweils nur einen Chromosomensatz beinhalten. Durch die Verschmelzung mit der anderen Keimzelle entsteht dann wieder ein kompletter, doppelter Chromosomensatz. Somit ererbt das Küken je die Hälfte seiner Gene vom Vater, die anderen von der Mutter. Einzige Ausnahme sind geschlechtsgebundene Gene, wie etwa der

Sperberfaktor, der eine Querbänderung der einzelnen Feder bewirkt. Dies ist für das folgende Beispiel allerdings nicht relevant.

Homozygot bedeutet, wie gesagt, dass auf einem Genort zwei gleiche Allele zu finden sind, also die gleiche Erbinformation auf beiden Chromosomen. Das Tier ist damit reinerbig für ein bestimmtes Merkmal. Im Fall der Heterozygotie besitzt ein Tier zwei unterschiedliche Allele, es ist mischerbig, kann also sowohl das eine als auch das andere Gen weitervererben. Im Fall der Mischerbigkeit entscheiden die Dominanzverhältnisse über die phänotypische Ausprägung des Merkmals.

Nehmen wir als Beispiel die Kammvarianten. Trägt ein Tier sowohl das Gen für den Einfachkamm (auch Stehkamm genannt) als auch für den Erbsenkamm, so wird es phänotypisch, also „sichtbar", den Erbsenkamm ausprägen (wenn auch mitunter die mittlere Perlenreihe des Kammes erhöht sein kann). Das liegt daran, dass das Gen für den Erbsenkamm gegenüber dem für den Einfach- oder Stehkamm dominant ist. Genotypisch, also von der genetischen Zusammensetzung her, ist das Tier also mischerbig (heterozygot) für das Merkmal Einfachkamm. Phänotypisch wird allerdings der Erbsenkamm ausgeprägt.

Um die Dominanzverhältnisse der Gene auszudrücken, werden diese mit Groß- und Kleinbuchstaben bezeichnet - dominante Gene groß, rezessive Gene klein.

Nehmen wir an, wir möchten in unserer Linie den Erbsenkamm festigen, es steht aber nur ein einziges passendes Tier zur Verfügung, dass dieses Merkmal zudem nur in heterozygotem Zustand trägt. Ansonsten haben wir nur Tiere mit Einfachkamm zur Verfügung.

Der genetische Code für den Erbsenkamm lautet rrPP, der für den Einfachkamm rrpp. RRpp wäre zum Beispiel die Kombination für einen Rosenkamm, RRPP die für den Wulstkamm (Walnusskamm), wie er etwa typisch für die Malaien ist. Die Buchstaben sind jeweils doppelt, da, wie bereits gesagt, durch den doppelten Chromosomensatz des Tieres jedes Gen zweimal vorkommt (zwei Allele), mitunter allerdings in unterschiedlicher Ausprägung (Mischerbigkeit).

Bei der Bildung der Keimzellen wird dieser doppelte Chromosomensatz zu einem einfachen reduziert, da die andere Hälfte vom anderen Elternteil beigesteuert wird.

Im oben genannten Fall, wenn ein Ausgangstier den Erbsenkamm phänotypisch zeigt, aber mischerbig für Einfachkamm ist, hat es, in Buchstaben ausgedrückt, die genetische Information rrPp. Die daraus entstehenden Keimzellen beinhalten demnach die möglichen Erbinformationen rP oder rp.

Das zweite Tier, nehmen wir an, die Henne, trägt also einen Einfach- oder Stehkamm und damit die Erbinformation rrpp.

Wie lässt sich nun aus diesen Tieren auf lange Sicht eine Nachkommenschaft erzeugen, die das Merkmal Erbsenkamm reinerbig trägt und in Zukunft ausschließlich erbsenkämmige Individuen hervorbringt, also die genetische Information rrPP trägt?

Die Antwort lautet wie folgt:

Hahn ♂   Henne ♀
rrPp   rrpp

Daraus ergeben sich, durch die erwähnte Reduktion zu einem einfachen Chromosomensatz die Keimzellen:

des Hahnes: der Henne:

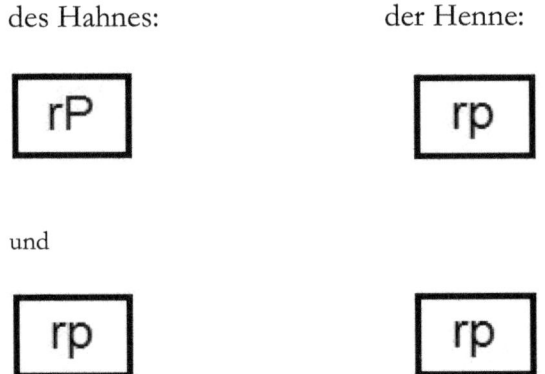

und

Diese bilden dann wieder neue Individuen mit einem kompletten, doppelten Chromosomensatz:

rrPp	Erbsenkamm (mischerbig)	25% *
rrPp	Erbsenkamm (mischerbig)	25% *
rrpp	Einfachkamm (reinerbig)	25% *
rrpp	Einfachkamm (reinerbig)	25% *

* Die Prozentangabe bezeichnet die rechnerische Wahrscheinlichkeit des Auftretens

Wie wir sehen, erhalten wir in der Nachzucht im Mittel 50 Prozent Tiere mit Erbsenkamm, die dafür heterozygot sind. Die restlichen 50 Prozent tragen einen Einfachkamm, für den sie, ebenso wie die Mutter, homozygot sind.

Im zweiten Schritt können wir nun die erbsenkämmigen Tiere entweder untereinander oder auch mit dem Ausgangshahn verpaaren. Dies bedeutet für diesen nächsten Zuchtschritt zweimal die genetische Kombination rrPp und dementsprechend folgende Keimzellen:

12

Hahn: Henne:

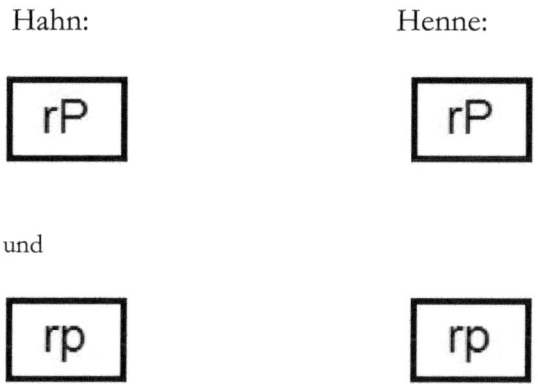

und

Die Nachkommenschaft hieraus spaltet sich nun wie folgt auf:

rrPP	Erbsenkamm (reinerbig)	25% *
rrPp	Erbsenkamm (mischerbig)	25% *
rrPp	Erbsenkamm (mischerbig)	25% *
rrpp	Einfachkamm (reinerbig)	25% *

* Die Prozentangabe bezeichnet die rechnerische Wahrscheinlichkeit des Auftretens

(Da für die Ausprägung des Einfachkammes rezessive Gene verantwortlich sind, ist jedes Tier, das phänotypisch den Einfachkamm zeigt, hierfür auch homozygot.)

Wir sehen, dass nun schon in der zweiten Generation aus lediglich einem mischerbigen Tier mit Erbsenkamm in der Ausgangspopulation reinerbige Tiere für das gewünschte Merkmal fallen. Werden nun ausschließlich diese Tiere für die Weiterzucht ausgewählt, werden in Zukunft auch nur erbsenkämmige Individuen fallen.

Die einzige Frage, die sich nun stellt, ist die, welche der Tiere mit Erbsenkamm nun jene sind, auf die wir hin gezüchtet haben, die reinerbigen für dieses Merkmal also. Schließlich trägt drei Viertel der

Nachkommenschaft einen Erbsenkamm, aber nur ein Viertel ist hierfür reinerbig.

Die Lösung bietet ein Nachkommenstest:

Man verpaart die erbsenkämmigen Tiere mit solchen, die einen Einfachkamm tragen. Ist ein Tier nämlich reinerbig für den Erbsenkamm, so muss die Nachkommenschaft aus einer solchen Verpaarung ausschließlich erbsenkämmig sein:

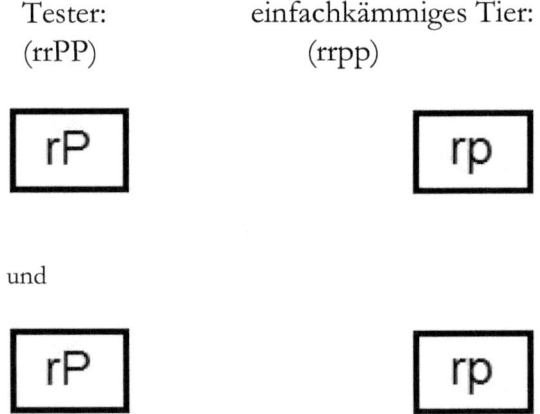

Tester: einfachkämmiges Tier:
(rrPP)   (rrpp)

und

Nachzucht:

    rrPp   Erbsenkamm (mischerbig)   100% *

* Die Prozentangabe bezeichnet die rechnerische Wahrscheinlichkeit des Auftretens

Alle Tiere sind mischerbig für Einfachkamm, zeigen aber aufgrund des dominanten Genes den Erbsenkamm. Zeigt auch nur eines der Nachkommen einen Einfachkamm, so ist dies ein eindeutiges Indiz dafür, dass das getestete Tier lediglich mischerbig ist.

Theoretisch müsste sich in diesem Fall die Nachkommenschaft in 50 Prozent erbsenkämmige und 50 Prozent einfachkämmige Individuen aufspalten:

Tester: einfachkämmiges Tier:
(rrPp)   (rrpp)

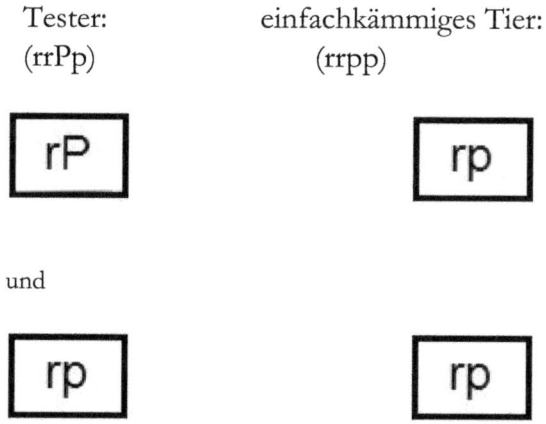

und

Nachzucht:

rrPp	Erbsenkamm (mischerbig)	50% *
rrpp	Einfachkamm (reinerbig)	50% *

* Die Prozentangabe bezeichnet die rechnerische Wahrscheinlichkeit des Auftretens

Wie gesagt sind die angegebenen Prozentzahlen nur rechnerische Mittel. Selten wird es vorkommen, dass genau die Hälfte der Nachzucht das ein oder andere Merkmal zeigt, ebenso wenig, wie immer genau 50 Prozent Hähne und 50 Prozent Hennen schlüpfen. Ein einziges Tier mit Einfachkamm deutet unmissverständlich auf eine Mischerbigkeit beim getesteten Tier hin, da dies im Falle eines reinerbigen Tieres ausgeschlossen ist (siehe oben).

Wie in diesem Beispiel verhält es sich im Grunde auch mit anderen Merkmalen, die man durch Inzucht relativ schnell festigen oder auch verdrängen kann. So lassen sich Tiere züchten, die für die gewünschten Merkmale reinerbig sind und künftig ebensolche Tiere hervorbringen. Einzig wird man es nicht wie im genannten Beispiel der Kammvarianten in zwei Generationen bewerkstelligen können, wenn man sich auf mehrere Merkmale konzentriert und gleichzeitig versucht, genetische Fehler heraus zu züchten.

Hat man dies jedoch erst einmal geschafft und seine Linie für viele Merkmale gefestigt, so versteht es sich von selbst, dass es sehr gut überlegt sein will, in eine solche gefestigte Linie Fremdtiere einzukreuzen.

Von Zeit zu Zeit wird es jedoch trotzdem notwendig werden, frisches Blut in eine Linie zu bringen, um Inzuchtdepressionen vorzubeugen. Dies geschieht am besten mit Tieren, deren genetische Zusammensetzung dem Züchter bekannt ist. Dies bewahrt ihn vor bösen Überraschungen, die ihn sonst beim Verkreuzen seiner mühsam aufgebauten Linie mit völlig fremden Tieren ereilen können. Die Linienzucht, zusammen mit der Auskreuzung, gibt uns hier ein sehr effektives und nützliches Mittel in die Hand. Dazu aber später mehr.

Anmerkung: Im genannten Beispiel handelt es sich um eindeutig zuzuordnende Kammvarianten (Einfach- oder Stehkamm, Erbsenkamm). Innerhalb einer Kammform gibt es natürlich Abweichungen in der Ausprägung, was sich mitunter in Kammfehlern zeigt. Nichtsdestotrotz lassen sich auch solche Abweichungen, wenn sie denn vererbt und nicht im Laufe des Lebens durch äußere Einflüsse erlangt wurden, durch gezielte Zuchtauswahl verdrängen. Nicht immer ist dies in zwei Generationen zu bewerkstelligen, wenn mehrere Gene und

Gründe für positive und negative Ergebnisse:

Im vorangegangenen Abschnitt haben wir gesehen, wie man durch kluge Verpaarung mithilfe der Inzucht in relativ kurzer Zeit viel erreichen kann. Die gleiche Funktionsweise, die rasche positive Ergebnisse ermöglicht, kann allerdings unter bestimmten Umständen auch für völlig andere, nämlich negative Resultate sorgen.

Wenn Tiere, wie es fast immer der Fall ist, genetische Fehler in sich tragen, die man ihnen aber nicht ansieht, können mitunter unerwartet schlechte Ergebnisse auftreten. Im Folgenden wollen wir die Gründe dafür näher beleuchten.

Das durch Inzucht ermöglichte Herauszüchten von Tieren, die reinerbig für den Erbsenkamm sind, beruht im Grunde auf Verstärkung, der höheren Konzentration der gewünschten Gene in der Nachkommenschaft. Wir haben erfahren, dass es die Reinerbigkeit ist, also der Umstand, dass an einem Genort zwei gleiche Allele auftreten, die uns zum gewünschten Ziel geführt hat.

Genau hier liegt aber auch die Begründung für Probleme, die Inzucht anfänglich, bei schlechter Selektion auch längerfristig, mit sich bringen kann.

Dazu muss man wissen, dass viele genetische Fehler und Makel rezessiver Natur sind. Das bedeutet, dass eine Menge Tiere diese Fehler tragen, ohne dass man anhand ihrer äußeren Erscheinung darauf schließen könnte. Diese rezessiven Schwächen werden zumeist von dominanten „guten" Genen überlagert und treten somit nicht sichtbar in Erscheinung. Zum besseren Verständnis lässt sich das Beispiel aus dem vorangegangenen Absatz heranziehen:

Der Erbsenkamm ist gegenüber dem Einfachkamm dominant. Selbst wenn ein Tier das rezessive Gen für den Einfachkamm in sich trägt, so verhindert die Präsenz des dominanten Genes für den Erbsenkamm, dass es sich phänotypisch ausprägt. Dem Tier ist also nicht anzusehen, dass es neben dem Gen für den Erbsenkamm eines für den Einfachkamm trägt.

Anmerkung: Natürlich ist ein Einfachkamm keine genetische Schwäche. Genanntes Beispiel dient nur dem Verständnis für dominant/rezessive Merkmale.

Werden Tiere immer wieder nur mit blutsfremden Individuen verpaart, ist die Chance relativ groß, dass rezessive Fehler nie oder nur sehr selten sichtbar werden. Im Falle der Inzucht können sich diese „schlechten Gene" aber natürlich in den entstehenden Individuen häufen. Infolge dessen kann es zum vermehrten Auftreten von sichtbaren Fehlbildungen kommen.

Dies lässt sich an einem weiteren Beispiel erklären:

Nehmen wir die Fehlbildung „Entenzeh" bzw. „Entenfuß". Das ist eine Bezeichnung für die Fehlstellung der hinteren vierten Zehe bei Hühnern. Dabei zeigt diese Zehe nicht nach hinten, sondern liegt mehr oder weniger am Fuß an, ist also eher nach vorne oder zur Seite gerichtet, ähnlich dem Fuß einer Ente.

Das betroffene Tier büßt etwas an Standfestigkeit ein, da die hintere Zehe im Normalfall teilweise als Stütze fungiert. Trotz dessen haben die meisten Exemplare keine nennenswerten Probleme mit dieser Zehenfehlstellung, die im Übrigen in unterschiedlich starker Ausprägung auftritt, zuweilen auch nur einseitig.

Obwohl ein solches Problem auch durch äußere Einflüsse wie etwa einer falschen Temperatur während der Brut auftreten kann, ist es in vielen Fällen genetisch bedingt und hier, wie bereits gesagt, rezessiver Natur.

Trägt nun ein Individuum genotypisch dieses Merkmal, welches es phänotypisch aber nicht ausprägt, weil es nicht reinerbig dafür ist, und wird mit einem blutsfremden Nicht-Merkmalsträger verpaart, hat keiner der entstehenden Nachkommen einen Entenfuß.

Nehmen wir der Einfachheit halber das Symbol „e" wie

Entenfuß für die Darstellung. „E" bedeutet normale Zehenstellung, „e" ist das fehlerhafte rezessive Gen:

Hahn: Henne:
EE   Ee

Keimzellen:

| E | | E |

und

| E | | e |

Nachkommen:

| EE | reinerbig für normale Zehenstellung | 50% * |
| Ee | mischerbig für Fehlstellung | 50% * |

* Die Prozentangabe bezeichnet die rechnerische Wahrscheinlichkeit des Auftretens

Wie wir sehen, trägt zwar die Hälfte der Nachkommenschaft das fehlerhafte Gen, wahrscheinlich zeigt dies jedoch keines der Individuen phänotypisch.

Lediglich wenn beide Elterntiere dieses Gen tragen, hat ein Teil der Nachzucht einen sogenannten Entenfuß. Dies passiert natürlich eher dann, wenn verwandte Tiere miteinander verpaart werden, also Inzucht betrieben wird.

Man könnte an dieser Stelle die möglichen Verpaarungen wie im ersten Beispiel der Kammvarianten weiterführen. Doch das erfasst nicht den genauen Sachverhalt. Denn im Gegensatz zum Einfachkamm gibt es vom sogenannten Entenfuß verschiedene Abstufungen, sodass mitunter schon mischerbige Tiere Ansätze hierfür zeigen. Das weist darauf hin, dass für dieses Problem mehr als nur ein einziges Gen verantwortlich ist. Offensichtlich sind mehrere Modifikatoren mit im Spiel.

Aus eigener Erfahrung kann ich sagen, dass selbst ein Tier, das rechts einen Entenfuß hat, auch Nachkommen zeugen kann, welche dieses Merkmal schließlich am linken Fuß zeigen. In der Mehrzahl der Fälle tragen betroffene Nachkommen diesen Fehler aber am gleichen Fuß. Wir wollen an diesem Punkt aber nicht weiter ins Detail gehen, da dies für die Erklärung des grundsätzlichen Sachverhaltes nicht relevant ist.

Wie bereits erwähnt, ist ein Großteil der Fehlbildungen rezessiver Natur. Viele Tiere tragen die verantwortlichen Gene, aber nur wenige zeigen sie phänotypisch, wenn stets blutsfremd verpaart wird. Vielleicht hat der Hahn ein Gen für ein fehlerhaftes Merkmal, die Henne für ein anderes. So trägt ein Nachkomme möglicherweise beide rezessiven Gene (für zwei unterschiedliche Merkmale), zeigt aber phänotypisch keines.

Ein ähnliches Beispiel für solch rezessive Fehler ist der sogenannte Kipp- oder Drehflügel (engl. Slipped-Wing). Hier sind die Handschwingen zum Teil gedreht und liegen bei am Körper getragenen Flügel über statt unter den Armschwingen, was sehr unschön aussieht.

Auch krumme Schnäbel oder Schwänze können auf solchen rezessiven Schwächen beruhen, ja, selbst Probleme des Immunsystems oder der allgemeinen körperlichen Leistungsfähigkeit. Die Liste dieser Mängel ist lang. Durch die Anwendung von Inzucht besteht die Möglichkeit, häufiger mit ihren phänotypischen Ausbildungen konfrontiert zu werden. Wichtig hierbei ist es, zu verstehen, dass ein häufigeres Auftreten solcher Probleme an der

Konzentration der negativen Gene liegt. So ist der weit verbreitete Glaube entstanden, dass Inzucht selbst zu Missbildungen führt.

Es ist natürlich verständlich, dass ein unwissender Züchter die Anwendung der Inzucht verteufelt, wenn er im Ergebnis gehäuft fehlerhafte Tiere erhält. Es werden aber lediglich Fehler verstärkt, die ohnehin in der genetischen Struktur der Zuchttiere anwesend waren. Sie sind nicht wie von Geisterhand herbeigezaubert worden und kein alleiniges Problem der Inzucht. Diese bringt lediglich die bereits anwesenden aber versteckten Fehler zu ihrer phänotypischen Ausprägung.

Es liegt in der Hand des Züchters, welche Gene er in seinen Tieren verstärkt. Deshalb ist die Auswahl der Zuchttiere von großer Bedeutung. Denn Inzuchtprogramme bieten ebenso wie die Chance zur Verstärkung der Fehler natürlich die Chance zu ihrer kompletten Beseitigung.

Neben genetischen Neigungen spielt natürlich auch die Aufzucht und Haltung der Tiere eine wichtige Rolle. Gleichgültig, wie vorzüglich ein Individuum von seiner genetischen Ausstattung her ist, wird es ihm bei schlechter Haltung und Ernährung nicht möglich sein, auch zu diesem vorzüglichen Tier heranzureifen. Oder, im Falle eines bereits erwachsenen Tieres, seine Form beizubehalten.

Durch gravierende Mängel und Krankheiten in der Jugendzeit können sich beispielsweise Fehler im Federkleid manifestieren, ähnlich wie bei gut ernährten Tieren, die hierfür eine genetische Disposition aufweisen.

Sinn der Inzucht

Wie bereits auf den vorangegangenen Seiten ausgeführt, geht es darum, gewünschte Qualitäten in seinen Tieren zu intensivieren und zu festigen. Anders ausgedrückt: Tiere zu züchten, deren Gene reinerbig für so viele gewünschte Eigenschaften wie möglich sind.

Sind die Tiere einer Linie oder Familie allesamt reinerbig für ein bestimmtes Merkmal, so werden sie auch immer ausschließlich Tiere mit diesem Merkmal hervorbringen, was den Züchter in die glückliche Lage bringt, sich bei der weiteren Zucht auf andere Merkmale konzentrieren zu können.

Reinerbigkeit und gefestigte Merkmale innerhalb einer Familie erzeugen automatisch Konformität, eine Intensivierung und Ansammlung der vom Züchter gewünschten Eigenschaften, seien sie optischer oder anderer Natur.

Hat man, um ein Beispiel zu nennen, einen besonders guten Hahn, der sehr viele der gewünschten Eigenschaften in sich vereint, wie etwa Kammform, Farbe, Statur, gutes Immunsystem usw., so ist es sinnvoller, ihn mit ihm verwandten Tieren, etwa seinen Töchtern oder Enkeltöchtern, zu verpaaren. Die Chance, seine guten Gene zu festigen und Jungtiere mit ebensolchen Eigenschaften zu erhalten, ist um ein Vielfaches höher, als es der Fall wäre, würde man ihn an komplett unverwandte Hennen setzen.

Das Ziel, eine feine Linie zu erhalten, in denen alle Tiere in einem hohen Grade die gewünschten Eigenschaften tragen, kann man mit gezielter Inzucht viel schneller erreichen als mit dem ständigen Verpaaren von blutsfremden Tieren, von denen einem im Zweifelsfall nichts über die genetische Ausstattung bekannt ist. Es bleibt immer im Hinterkopf zu halten, dass die phänotypische Ausprägung, also das äußerliche Erscheinungsbild eines Tieres, nicht seine Gesamtheit wiederspiegelt.

Es ist möglich, aus etwa einem Trio, also einem Hahn und zwei Hennen als Anfang und deren Nachkommen, über viele Jahre hinweg gut durchdachte Inzucht zu betreiben und gleichzeitig die Familie ständig zu verbessern, ohne Probleme mit Inzuchtdepressionen zu bekommen.

Natürlich ist es dafür vonnöten, dass es sich bei diesem Ausgangsmaterial um gute, gesunde Tiere handelt. Auch müssen sie in ihrer Gesamtheit (wenn auch nicht jedes einzelne alle) die vom

Züchter gewünschten Eigenschaften zumindest in heterozygoter Form tragen. Eigenschaften, die keines der Tiere wenigstens in mischerbiger Form trägt, lassen sich verständlicherweise auch nicht wie von Zauberhand herbei züchten.

Um bei dem Anfangsbeispiel zu bleiben: Man kann nicht erwarten, einen Erbsenkamm in einer Linie zu festigen, wenn es sich bei den Ausgangstieren ausschließlich um einfachkämmige Tiere handelt. Oder aber man möchte hochbeinige Tiere, startet aber mit Exemplaren, die durchweg einen niedrigen Stand haben.

Dies ist nur möglich, wenn man im Nachhinein ausgewählte Individuen mit den gewünschten zusätzlichen Eigenschaften in die Linie einkreuzt. So ein Einkreuzen muss allerdings stets mit sehr viel Bedacht vollzogen werden, gerade wenn es sich bei den neuen Tieren um Blut handelt, das man nicht genau kennt. Die Chance ist groß, dass man seine vielleicht jahrelange, mühevolle züchterische Arbeit zunichtemacht. Bereits erfolgreich verdrängte negative oder einfach nicht erwünschte Gene können bei allzu sorgloser Vorgehensweise erneut unbemerkt eingeführt werden.

Besteht eine Linie beispielsweise ausschließlich aus reinerbig hochbeinigen Tieren und ich führe ein neues hochbeiniges Tier ein, so wird auch die Nachzucht im ersten Jahr ausschließlich einen hohen Stand aufweisen und man wähnt sich bereits sicher. Handelt es sich bei dem neuen Blut allerdings um ein Individuum, das lediglich heterozygot für dieses Merkmal ist, also auch ein rezessives Gen für einen tieferen Stand trägt, so werden bereits im zweiten Jahr einige Exemplare mit diesem tieferen Stand fallen.

Noch schlimmer ist es natürlich, wenn es sich anstelle eines tiefen Standes um grundlegendere Probleme wie etwa einen krummen Schwanz, gesundheitliche Schwächen oder ähnlichem handelt.

Deshalb ist man stets gut beraten, im Falle einer Einkreuzung fremden Blutes zunächst eine Probeverpaarung zu machen, wobei die Nachkommen daraus wiederum untereinander verpaart werden und dann mindestens zwei Jahre beobachtet werden, bevor man dieses Blut endgültig in seine eigene Linie einführt.

Zeigen sich auch nach dieser Zeit keine Probleme, so kann man diese Tiere mit besserem Gewissen in seine Linie aufnehmen. In einem späteren Kapitel werden wir noch expliziter auf dieses Thema eingehen (Die Einführung neuen Blutes; Seite 67).

Verlässt man sich ausschließlich auf sein vermeintliches Glück und kann im ungünstigsten Fall nicht mehr auf Tiere zurückgreifen, die keinerlei neues Blut in sich tragen, so kommt unter Umständen in der zweiten Filialgeneration, also F2 oder Enkelgeneration, das böse Erwachen.

Die Effekte der Inzucht

Generell haben wir schon in den vorigen Absätzen einiges über die Effekte, die die Inzucht mit sich bringt, erfahren. Alle Qualitäten, gute wie schlechte, werden durch die reine Erhöhung der Homozygotie verstärkt. Der große Vorteil, aber gleichzeitig auch die Gefahr liegt genau hier begründet.

Um also die bestmöglichen Ergebnisse aus der Methode Inzucht zu erzielen, ist eine bewusste und kluge Selektion unerlässlich. Das ganze System steht und fällt damit.

Rezessive Schwächen treten durch die Wirkung der Inzucht zutage und werden somit von ihr demaskiert. Diese Schwächen oder auch andere Merkmale, die der Züchter nicht in seiner Linie halten möchte, manifestieren sich, wenn sie reinerbig auftreten in den entstandenen Tieren phänotypisch und klären über ihre Anwesenheit auf. Nun ist der Züchter gefragt, eine kluge Selektion durchzuführen, durch die er in größtmöglichem Maße von der Inzucht profitieren kann. Erst damit kann er ungewollte Charakteristiken beseitigen, statt sie von Generation zu Generation weiterzutragen.

Die Inzucht weist also auf versteckte Schwächen hin, indem sie

sie sichtbar macht. Dies gibt dem Züchter ein klareres Bild von der genetischen Beschaffenheit seiner Tiere, wodurch er in der Lage ist, genau diese Schwächen, Fehler oder unerwünschte Merkmale zu verdrängen. Es ist in diesem Zusammenhang wichtig zu erwähnen, dass man sich bei der Auswahl der geeigneten Zuchttiere nicht ausschließlich von Äußerlichkeiten blenden lassen sollte. Eine gute allgemeine Konstitution, Fruchtbarkeit und Vitalität sind keinesfalls nebensächlich und mindestens genauso wichtig, aber grundlegender, als Gefieder oder Typ eines Tieres.

Der Grund, aus dem oft Probleme in Verbindung mit Inzucht auftauchen und damit auch der Hintergrund der landläufig eher schlechten Meinung darüber, liegt in der mangelhaften Ausführung der Selektion, das heißt, dass sich Züchter dabei von den falschen Kriterien leiten lassen. Zu oft werden Tiere, denen es an Gesundheit und Vitalität fehlt, zur Zucht eingesetzt, nur weil sie beispielsweise einen besonders schönen Kamm haben oder vom Typ her überzeugen. Man muss sich immer darüber im Klaren sein, dass die diesen Tieren eigene mangelhafte Vitalität bei dem Einsatz solcher als Zuchttiere genauso gefestigt wird wie der schöne Kamm. Das führt auf lange Sicht zu Problemen, die sich dann innerhalb der Linie und schlimmstenfalls innerhalb der gesamten Familie nicht mehr ausgleichen lassen. Schneller als nötig ist man dann mit Degenerationserscheinungen konfrontiert und sieht sich womöglich gezwungen, erneut fremdes Blut einzukreuzen, um die selbst erzüchtete schlechte Konstitution wieder auszugleichen.

Vitalitätsprobleme sind zumeist schon den betreffenden Küken anzusehen, die von Anfang an nur zaghaft wachsen und/oder ungewöhnlich schnell negativ auf Krankheitskeime reagieren, wo vitale Jungtiere keine Probleme machen. Auch im Erwachsenenalter zeichnen sich derartige Tiere zumeist durch gesenkte Leistungsfähigkeit aus, verglichen mit fitten Tieren.

Das Ausstellen solcher Exemplare ist das Eine. In der Zucht haben diese Tiere allerdings nichts verloren. Nicht in der eigenen und nicht in fremder!

Vor allem in den Anfängen eines Inzuchtprogrammes ist durch die große Bandbreite der Merkmale und der versteckten Fehler mit einer ebenso großen Bandbreite von Ergebnissen zu rechnen, es sei denn, es handelt sich bei den Ausgangstieren bereits um sehr gutes, gefestigtes Material mit wenigen Schwächen. Bei noch eher ungefestigtem Material werden anfänglich viele Fehler aufgedeckt, die durch Selektion ausgesondert werden müssen.

Diese große Variation nimmt aber mit Fortführung der Zucht ab, da die Merkmale gefestigt, bestimmte Eigenschaften verdrängt werden und nicht mehr auftreten.

Variation ist in diesem Zusammenhang ein gutes Stichwort, dem wir uns kurz ein wenig näher widmen wollen.

Variation

Variabilität bedeutet in Bezug auf die genetische Konstitution eine große Bandbreite an vererbbaren Anlagen. Wo ein großes Maß an Heterozygotie herrscht, ist folglich die Variabilität ebenfalls hoch. Mischerbigkeit bedeutet schließlich das Vorhandensein unterschiedlicher Allele an einem Genort. Somit kann die nächste Generation in ihren ererbten Merkmalen stärker variieren.

Wenn eine Population sehr variabel in ihren genetischen Eigenschaften ist, wird auch deren Nachzucht mit Sicherheit eine große Bandbreite von Eigenschaften zeigen. Es ist kaum vorhersehbar, in welche Richtungen sich die Merkmale bei den Jungtieren aufspalten.

Stellen wir uns vor, wir verpaaren einen Mischlingshahn mit einer Henne, die selbst ein Kreuzungstier ist. Die Bandbreite der verschiedenen optischen und nicht optischen Merkmale bei den Nachkommen wird extrem hoch sein. Kaum ein Tier wird dem anderen gleichen.

Ähnlich, wenn auch in abgeschwächter Form, verhält es sich bei zwei Tieren die zwar der gleichen Rasse angehören, aber vollkommen blutsfremd sind.

Der Vorteil einer solchen Verpaarung besteht darin, dass man es mit relativ wenigen Problemen wie etwa Fehlbildungen, ausgelöst durch unvorteilhafte rezessive Gene, zu tun haben wird.

Das bedeutet nicht, dass diese Gene nicht anwesend sind, denn das sind sie fast immer. Sie werden lediglich in den allermeisten Fällen von „guten" dominanten Genen überlagert und dadurch an ihrer Ausprägung gehindert.

Lediglich wenn beide Elterntiere dasselbe Gen für die gleiche Schwäche versteckt tragen, kann es zur Manifestierung dieser in einem Teil der Jungtiere kommen. Bei komplett blutsfremden Tieren, mehr noch bei Tieren, die unterschiedlichen Rassen angehören, ist die Chance hierfür jedoch eher gering. Vielmehr werden sie jeweils Gene für verschiedene Schwächen tragen. Das bedeutet, die genetische Schwäche des einen Tieres an bestimmter Stelle wird durch die Stärke des anderen an dieser Stelle ausgeglichen und umgekehrt. Gleichzeitig ist es, wie bereits gesagt, kaum vorherzusehen, was bei einer solchen Verpaarung herauskommt.

Umso kleiner eine Gruppe von Vögeln ist, desto kleiner ist verständlicherweise auch ihr Potenzial für Variabilität, besonders wenn es sich um eng verwandte Tiere handelt. Die Wahrscheinlichkeit, dass diese Individuen genetisch mehr Gemeinsamkeiten haben, liegt auf der Hand.

Die Purifizierung, die stattfindet, wenn stets nur eng verwandte Individuen miteinander verpaart werden, ist ein sicherer Fakt. Nur wenn stets neues Blut zugeführt wird, bleibt das Variabilitätspotenzial hoch. Einheitlichkeit und Vorhersehbarkeit, was die Ergebnisse angeht, wird auf diese Weise jedoch nie erreicht.

Variabilität ist also ein relativ sicheres Mittel, um stets mit - auf die Masse gesehen - vielen gesunden Tieren rechnen zu können, die nur wenige optische oder gesundheitliche Schwächen zeigen.

Gleichzeitig ist es auf diese Weise aber niemals möglich, bestimmte gewünschte Erbanlagen zu festigen. Die Nachzucht wird stets eine große Bandbreite an verschiedenen Merkmalen aufweisen und einzelne Tiere, die viele gewünschte Charakteristiken in sich vereinen sind reine Glückstreffer.

Dies soll nicht bedeuten, dass Variabilität per se ein Nachteil oder gar schlecht ist. Ganz im Gegenteil, ist sie für eine stete Verbesserung einer Linie notwendig. Wo die Variabilität auf null geht, besteht auch keine Möglichkeit mehr zur Veränderung, nicht zum Schlechteren, aber auch nicht zum Besseren! Deshalb ist ein gewisses Maß an Variabilität durchaus notwendig.

Rückgang der Variabilität ist also gleichbedeutend mit Purifizierung. Umso reiner eine Linie ist, desto weniger Variabilität wohnt ihr inne. Dies ist ein automatischer Prozess, der mit fortlaufender Inzucht vonstattengeht.

Stellen wir uns irgendein beliebiges Merkmal vor und bezeichnen dieses mit A. Wir nehmen an, beide Elterntiere sind mischerbig für dieses Merkmal, tragen also die Kombination Aa. Das bedeutet, dass Nachzuchttiere sowohl „A" als auch „a" erben können, was folglich eine Variationsmöglichkeit bei der Nachzucht ist. Im Laufe der Inzuchtgenerationen wird sich das Bild dahingehend wandeln, dass alle Tiere der betroffenen Linie die genetische Konstitution AA oder aa aufweisen. Sie werden für dieses Merkmal folglich homozygot.

Die Linie ist damit reiner geworden und wird in Bezug auf dieses Merkmal auch stets rein vererben. Ist „a" beispielsweise ein optischer Mangel, so wird dieser in der Zuchtlinie nie wieder auftreten, wenn alle Tiere nun ausschließlich „AA" tragen. (Dies trifft natürlich nur so lange zu, wie nicht wieder neues Blut in die Linie eingeführt wird, dass diesen Mangel trägt.) Es kann nur noch ein Merkmal (A) vererbt werden. Die Reinheit und damit verbunden die Vererbungssicherheit der Linie ist gestiegen, während das Variabilitätspotenzial gesunken ist. Ob die betroffene Linie irgendwann die genetische Kombination „AA" oder „aa" trägt, sollte natürlich vom Züchter durch Selektion der Zuchttiere entschieden werden, also bewusst geschehen.

Das Maß an Reinheit würde natürlich auch ohne Sorgfalt bei der Selektion beziehungsweise „blinder" Verpaarung innerhalb einer Linie, bei der einfach zwei Tiere, ungeachtet ihrer Merkmale und Eignung aus der Nachzucht ausgewählt werden, ansteigen. Hierbei bliebe es jedoch dem Zufall überlassen, ob die Individuen einer Linie reinerbig für A oder a, B oder b usw. werden. Das wäre allerdings wahrscheinlich nicht der Verbesserung der Linie zuträglich. Außerdem wäre es ein relativ sicheres Mittel, wertvolle Gene, für die die ursprünglichen Ausgangstiere mischerbig waren, komplett zu verlieren.

Im generellen Zuchtgeschehen ist es sehr wichtig, sich gegen den Verlust von wertvollen Genen zu schützen, denn nur so kann man einen Vorteil aus der purifizierenden Wirkung der Inzucht ziehen.

„Wertvoll" ist hierbei ein Begriff, der immer in Bezug auf den Nutzen einer Rasse oder den Wünschen des Züchters gesehen werden muss. Bei einzelnen Rassen wird beispielsweise Wert auf Brütigkeit der Hennen gelegt, in anderen ist dies unerwünscht, da dadurch weniger Eier gelegt werden. Allgemein starke Fitness und Widerstandskraft gegen Erkrankungen und äußere Einflüsse sind hingegen Dinge, die sämtlichen Tieren und Rassen zugute kommen, für sie also „wertvoll" sind.

In Hinsicht auf Vererbungssicherheit und Vorhersehbarkeit der Merkmale ist eine Variabilität, wie bei extrem heterozygoten Tieren (z.B. Kreuzungstieren), eher kontraproduktiv. Ein gewisses Maß an Variabilität ist jedoch notwendig, um überhaupt eine Verbesserung zu ermöglichen. Nur wo unterschiedliche Faktoren vererbt werden können, kann noch eine Veränderung stattfinden.

Vor- und Nachteile der Inzucht

Inzucht bringt, wie wir bereits erfahren haben, einige Vorteile mit sich. Unter gewissen Umständen können allerdings auch Nachteile entstehen. Nachfolgend wollen wir diese zusammenfassen:

Vorteile:

- Inzucht macht bei intelligenter Selektion rasche Verbesserungen möglich.
- Dadurch, dass die Inzucht versteckte unerwünschte Merkmale oder Fehler offenlegt, ist es möglich, diese schnell aus der Linie zu entfernen
- Gewünschte Merkmale und Charakteristiken können relativ schnell gefestigt werden, was die Tiere einer Linie einheitlicher und die Ergebnisse aus der Zucht vorhersehbarer macht. Dadurch wird auf Dauer weniger „Ausschuss" produziert.

Nachteile können sein:

- schlechtere Schlupfquoten,
- reduzierte Eiproduktion,
- Inzuchtdepression,
- höhere Mortalitätsrate der Küken,
- langsameres Wachstum und damit verbunden spätere sexuelle Reife
- Vitalitätsverluste.

Zu einem großen Teil hängen auftretende Probleme von der Qualität der Ausgangstiere sowie der späteren Selektion ab. Die Steigerung der Homozygotie, und folglich der Reinheit einer Linie, bedeutet zu einem gewissen Teil eine genetische Verarmung, da bestimmte Gene heraus gezüchtet werden. Selbst bei nach bestem Wissen durchgeführter Selektion besteht immer die Möglichkeit, auch wertvolle Gene zu verlieren. Ebenso können Negativgene in den Vordergrund treten. Eben dies bringt dann Nachteile wie etwa generellen Vitalitätsverlust mit sich, wenn es sich um Gene handelt, die etwa das Immunsystem betreffen. Inzuchtdepressionen oder einfache Degeneration der aufgebauten Inzuchtlinie können die Folge sein. Derartige Probleme werden durch das Aufdecken von schädlichen rezessiven Genen verursacht. Dies geschieht durch das Verpaaren eng verwandter Individuen, die jeweils diese Gene tragen. Das bedeutet aber auch, dass diese Gene bereits in den Ursprungstieren der Linie, wenn auch versteckt, vorhanden waren.

Im Folgenden will ich einen Überblick über die Effekte dieser Phänomene geben, überlegen, wie man sich davor schützen und gleichzeitig das System, welches dazu führt, sogar für sich nutzen kann.

Inzuchtdepression und Degeneration

Sehr viele Züchter haben ein schlechtes Bild von der Inzucht beziehungsweise fürchten sie wegen der möglichen Gefahren wie Inzuchtdepression oder einfacher Degeneration. Während Inzuchtdepression generell eine Reduktion der Leistung ist, die etwa mit gestiegener Krankheitsanfälligkeit einhergeht, beschreibt die Degeneration wirkliche Defekte. Das Wort ist lateinischen Ursprungs und steht für den deutschen Begriff „Entartung". Ein betroffenes Tier ist von seinen körperlichen, psychischen und/oder geistigen Fähigkeiten womöglich nicht oder nur eingeschränkt in der Lage, den Anforderungen an sein Leben in ausreichender Weise gerecht zu werden.

Erscheinen die ersten Probleme, die offensichtlich mit der Inzucht in Verbindung stehen oder von ihr begünstigt werden, kann dies den Spaß an der Zucht verderben, wenn man die Ursachen dafür nicht kennt. Deshalb ist es wichtig, nicht mit Halbwissen ans Werk zu gehen.

Das soll nicht bedeuten, dass es nicht auch dem versierten Züchter, der einen guten Überblick über die Materie der Genetik hat, passieren kann, dass Probleme auftreten. Der wichtige Punkt, der den Unterschied machen kann zwischen Aufgabe oder weiterem Spaß an der Zucht, ist zu wissen, warum bestimmte Probleme auftreten und wie man mit ihnen umgehen kann.

Fortwährendes Verpaaren nicht verwandter Tiere, ständiges Zuführen neuen Blutes ist ein gutes Mittel gegen die Gefahren der Inzucht und gleichzeitig ihre Ursache. Das klingt paradox? Nun, das ist es nur bedingt:

Durch Selektion in Verbindung mit Inzucht, bei der die guten Eigenschaften gefördert, während die unerwünschten eliminiert werden, wird eine Linie mit der Zeit genetisch stärker. Als Ergebnis erhält man eine Linie, die im besten Fall frei von versteckten Schwächen ist, welche ja die Ursache von Inzuchtproblemen sind. Resistenz gegen Inzuchtprobleme ist also das Ergebnis von Inzucht.

Gerade in der Anfangszeit führt Inzucht mitunter zur Produktion von minderwertigen oder problembehafteten Tieren und der einzige Weg, diese auf lange Sicht zu verbannen, ist das Erlangen von Reinheit durch Inzucht. Genau hierin liegt das Paradox!

Das Verpaaren eng verwandter Tiere mag auf den ersten Blick der Grund für das Auftreten von Tieren mit offensichtlichen Fehlern und Schwächen sein. Die Probleme entstehen aber nicht, weil die Tiere verwandt sind, sondern weil beide heterozygot für den gleichen fehlerhaften Erbfaktor sind. Die Möglichkeit, dass zwei verwandte Tiere, deren gemeinsamer Vorfahr einen Fehler trug, eben diesen gemeinsam versteckt tragen, ist selbstverständlich höher, als es bei unverwandten Exemplaren der Fall ist.

Hiermit kommen wir wieder zu der Frage, ob nicht möglicherweise doch allein das Verpaaren unverwandter Tiere die Lösung und der Schutz vor solchen Komplikationen ist? Nicht unbedingt! Auch wenn die Chance bei verwandten Individuen größer ist, dass beide heterozygot für das gleiche negative rezessive Gen sind, und sie somit Nachzucht produzieren können, die für dieses Gen homozygot ist, (was dann den Fehler sichtbar macht), so besteht diese Möglichkeit genauso bei blutsfremden Tieren. Deshalb werden auch beim wiederholten Verkreuzen unverwandter Tiere immer wieder fehlerhafte Individuen fallen, wenn auch in geringerer Zahl, als dies in der Anfangszeit eines Inzuchtprogrammes der Fall sein wird.

Der einzige Weg, Tiere und Linien zu erzüchten, bei denen bestimmte Fehler überhaupt nicht mehr auftreten, ist durch Inzucht.

Zuchtziele

Der Erfolg eines Inzuchtprogrammes hängt also maßgeblich von der Selektion der Tiere ab, mit denen man das Programm Jahr für Jahr fortführt. In Bezug auf Inzuchtproblematiken ist es wichtig, viele oft fälschlicherweise als zweitrangig erachtete Kriterien bei der Auswahl der geeigneten Tiere zu berücksichtigen.

Es kommt vor, dass gerade in optisch sehr guten und auf Schauen erfolgreichen Linien die Hennen beispielsweise wenige Eier legen. Das liegt einfach daran, dass in der Erzüchtung dieser Linien sehr typvollen Tieren der Vorrang vor guten Legerinnen gegeben wurde.

Mit einer geringeren Eizahl lässt es sich vielleicht noch leben, solange zumindest eine ausreichende Reproduktionsmöglichkeit gegeben ist. Schwieriger wird es, wenn mit Tieren gezüchtet wird, die ein offensichtlich schwaches Immunsystem haben oder es als Küken schwerlich oder nur mit Hilfe aus dem Ei geschafft haben. Allein um der eigenen Freude an den Tieren willen, sollte der Faktor Charakter ebenfalls nicht komplett außer Acht gelassen werden. Was nützen einem typvolle Tiere, wenn man in den Auslauf kommt und von extrem hektischen und ängstlichen Hennen erwartet wird oder von einem Hahn der einem auf den Buckel springt, sobald man ihm den Rücken zuwendet. Zudem präsentieren sich charakterstarke Tiere im Ausstellungskäfig ganz anders als ängstliche.

Dies sind nur einige Beispiele, die zeigen, dass man sich das ganze Tier anschauen muss, bevor man eine Entscheidung trifft. Jeder Eigenschaft eines Tieres, das man für die Zucht auswählt, wird die Möglichkeit gegeben, sich in der nächsten Generation zu manifestieren und zu festigen - ein typvolles Aussehen ebenso wie ein schlechter Charakter oder ein schwaches Immunsystem. Dessen sollte man sich stets bewusst sein.

Jeder Züchter hat seine Präferenzen und wird auf diese hin züchten, was auch legitim ist. Nur ist eben, um beim Beispiel zu bleiben, ein typvolles Aussehen nicht alles.

Das mag sich im ersten Moment kompliziert anhören. Das ist es aber nur bedingt und macht auch den Reiz an der Zucht aus.

Da nun einmal so gut wie alle Tiere genetische Schwächen aufweisen, werden diese bei der Durchführung eines Inzucht-Programms folglich auch früher oder später aufgedeckt werden, was sich dann im Auftreten fehlerhafter Tiere zeigt. Verstehen wir aber deren Natur, fällt es leichter, mit solchen Erscheinungen umzugehen, und im Zuge der Weiterführung des Programms werden diese immer weniger ernst.

Die Meinung, dass Inzucht nur unfitte Tiere und generell Vitalitätsverlust mit sich bringt, begründet sich durch oberflächliche Beobachtung, gepaart mit Unwissenheit, was genau dabei passiert. Natürlich treten problematische Erscheinungen prägnanter auf, wenn diese Zuchtmethode falsch angewandt und mangelhafte Selektion ausgeübt wird. Die daraus resultierenden schlechten Ergebnisse führen dann zu der Verallgemeinerung, Inzucht brächte stets problembehaftete Tiere hervor.

Immer wieder hört man, dass Inzucht mit Fruchtbarkeitsverlust und Schlupfproblemen einhergeht. Neben anderen Fehlern, kann man natürlich auch mit derlei Erscheinungen zu tun haben. Genauso wahr ist aber auch, dass einige Linien, die lange Zeit ingezüchtet wurden, eine erstaunlich hohe Befruchtungs- und Schlupfrate aufweisen. Bei richtiger und intelligenter Selektion kann man das erwarten. Wenn es um die Schlupffähigkeit geht ist es logisch, dass, wenn ein Embryo schlüpft, alle schlüpfen sollten, wenn für dieses Merkmal die Variabilität heraus gezüchtet wurde und eine hohe Vitalität in der Linie herrscht. Ähnliches gilt für die Befruchtung, wenngleich dieses Merkmal natürlich noch mehr als die Schlupffähigkeit von äußeren Einflüssen abhängig ist, die nichts mit der genetischen Konstitution zu tun haben müssen.

In den ersten Inzuchtgenerationen, wenn von Tieren mit sehr hoher Variabilität ausgegangen wird, treten natürlich einige Kümmerlinge und fehlerbehaftete Tiere auf. Dies geschieht allerdings aus dem bereits mehrfach angesprochenen Grund, dass nun die versteckten Schwächen der Ausgangstiere zum Vorschein kommen. Bei Weiterführung der Zucht und guter Selektion werden diese Probleme stets weniger werden.

Inzucht ist ein gutes Mittel und sollte genutzt werden, um die Qualitäten von sehr guten Ausgangstieren zu festigen und zu verfeinern. Im Gegensatz dazu nützt die beste Zuchtauswahl nichts, wenn mit schlechten Ausgangstieren begonnen wird. „Schlecht" bedeutet in diesem Zusammenhang, dass diese etwa reinerbig für bestimmte Fehler sind, diese also phänotypisch zeigen, im schlimmsten Fall Hahn und Henne. Dann kann immer nur Nachzucht erwartet werden, die ebenfalls diesen Fehler trägt.

Auch muss man sich, wie bereits angesprochen, darüber im Klaren sein, dass man auch mithilfe der Inzucht kein Merkmal „herbeizaubern" kann, das in sämtlichen Ausgangstieren nicht vorhanden war. So sollte im schlechtesten Fall zumindest eines der Tiere das gewünschte Merkmal besitzen. Einzige Ausnahme ist natürlich eine Mutation. Es versteht sich aber von selbst, dass wir es nicht als Zuchtpraxis ansehen können, ein Leben lang auf bestimmte Mutationen zu warten, die uns hundertprozentig in die Karten spielen würden, weil sie genau jene Merkmale betreffen, die wir gerne ändern würden. Jeder Lottogewinn ist wahrscheinlicher.

Aus diesem Grund sollte man nach Möglichkeit stets mit bereits guten Tieren starten. Es nützt in diesem Zusammenhang nichts, vermeintlich ein wenig Geld zu sparen, indem man minderwertiges Material kauft, um es dann zehnfach für die Aufzucht von ebenso minderwertigen Nachzuchten wieder auszugeben. Mit dem Kauf guter Ausgangstiere kauft man sich in erster Linie Zeit. Der Weg zu einer größtenteils zufriedenstellenden eigenen Linie ist nur wenige Generationen weit, wenn gutes Ausgangsmaterial gekauft wurde. Wenn mit minderwertigen Tieren gestartet wird, ist er mit Sicherheit zwei- oder dreimal so lang. Der finanzielle Aufwand für die Aufzucht und Haltung der zusätzlich nötigen Generationen wird in jedem Fall größer sein als die ursprüngliche Ersparnis beim Kauf der Anfangstiere.

Zusammenfassend kann man sagen, dass gerade dann, wenn ein Inzuchtprogramm mit genetisch sehr variablen, also wenig gefestigten Ausgangstieren gestartet wird, die Gefahr für fehlerhafte Erscheinungen in der Anfangszeit sehr hoch ist. Gleichzeitig ist Inzucht aber auch das Mittel, um diese in Zukunft stets weniger und weniger werden zu lassen.

Linienzucht

Linienzucht ist letztlich Teil der Inzucht, eine der Methoden ihrer Anwendung. Der Grundgedanke hierbei ist hauptsächlich der, ein besonderes Exemplar wiederholt an seine bzw. ihre Nachkommen zu paaren. Anders ausgedrückt: Es handelt sich um eine Art „Klonen", das es dem Züchter ermöglicht, die besonderen Merkmale eines Tieres zu kopieren.

Besagtes Exemplar muss verständlicherweise von herausragender Qualität sein und vor allem fest in seinen genetischen Merkmalen. „Fest" bedeutet, dass seine Gene weitgehend homozygot sind. Ein solches Tier ist also bereits das Produkt von Inzucht. Niemals darf es ein Nachkomme einer Kreuzung sein, das wäre sinnlos. Ein Tier, das in einem überwiegenden Teil seiner genetischen Konstitution heterozygot ist, vererbt diese große Bandbreite auch an seine Nachfahren. Egal, wie oft man die Nachkommen dieses Tieres an es zurück verpaaren würde, die daraus entstehende Nachzucht wäre immer wieder mischerbig für viele Merkmale, also keinesfalls in seinen Erbanlagen gefestigt und uniform. Darum wäre eine derartige Vorgehensweise nutzlos, da wir mit der Linienzucht das Erschaffen einer in jeder Hinsicht uniformen Linie bezwecken.

Wir betreiben Inzucht, um gewünschte Charakteristiken zu festigen, indem die Homozygotie erhöht wird. Das ermöglicht es Tieren und Rassen, ihre charakteristischen Merkmale so gut wie möglich von Generation zu Generation weiterzugeben. Kreuzungsprodukte würden keine gefestigten Merkmale vererben. Vielmehr würde deren Nachkommenschaft immer wieder in verschiedene Richtungen aufspalten.

Der erste Schritt der meisten Linienzuchtprogramme ist das Verpaaren von Vollbrüdern und -schwestern. Aus deren Nachkommen werden wiederum der beste Hahn und die beste Henne ausgewählt, um erneut miteinander verpaart zu werden. Diese Vorgehensweise wird dann ein weiteres Mal wiederholt, um aus der nächsten Nachzucht ein möglichst ideales Tier auszuwählen, sei es Hahn oder Henne, mit dem die eigentliche Linienzucht begonnen wird.

Nehmen wir an, es handelt sich um einen Hahn. Dieser wird mindestens drei Generationen hintereinander jeweils an seine Töchter des jeweiligen Jahres gepaart. Hierbei entstehen letztendlich Tiere, die zu einem großen Prozentsatz die Gene dieses Ausgangshahnes tragen, also von Generation zu Generation immer mehr zu „Klonen" von diesem werden. Nun wird noch einmal deutlich, warum dieses Anfangstier von herausragender Qualität sein muss: Ein fehlerhaftes Tier zu kopieren, macht schließlich wenig Sinn.

Anmerkung: Das hier benutzte Wort „klonen" ist nicht in dem Sinne zu verstehen, dass es sich bei den Nachfahren des Hahnes aus oben genanntem Beispiel tatsächlich um komplette Klone dieses Hahnes handelt. Sie haben lediglich einen großen Prozentsatz ihrer Gene mit diesem Hahn gemein, sind jedoch keine eins zu eins Kopien von ihm. Nachdem drei Generationen hintereinander seine Töchter des jeweiligen Jahres an ihn zurück gepaart wurden, besitzen die Nachkommen daraus schlussendlich 87,5 Prozent der Gene dieses Hahnes, was auch als Obergrenze für diese Methode zu sehen ist. Von mehr ist in den allermeisten Fällen abzuraten.

Die Linienzucht wird durch einige Generationen Inzucht eingeleitet:

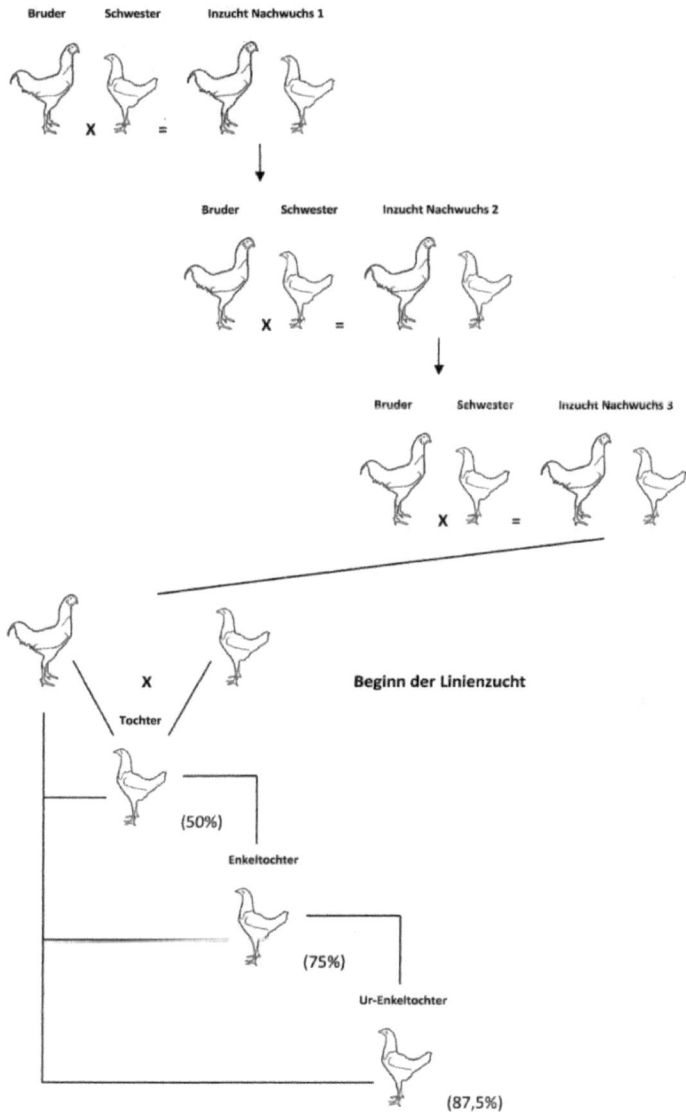

Abb. 1 Schematische Darstellung des Linienzucht-Programmes

Wenn auch der erste Schritt (das Verpaaren von Vollbrüdern und -Schwestern) von Züchtern bereits in bis zu sechs aufeinanderfolgenden Generationen erfolgreich betrieben wurde, so genügen oft, wie im Vorfeld erklärt, drei Generationen. Bei in ihren Erbanlagen gefestigten Ausgangstieren mag in Einzelfällen auch weniger ausreichend sein. Genauso gut kann man in der ersten Generation mit Halbbrüdern und -schwestern beginnen.

Um Linienzucht auch auf lange Sicht erfolgreich betreiben zu können, ist es nötig, mehrere Linien parallel zu führen. Ein Minimum an vier Linien ist hierbei anzuraten, je mehr, desto besser natürlich. Diese Linien sind Elemente der gleichen Familie, sie resultieren alle aus den gleichen wenigen Anfangstieren, wobei jede Linie für bestimmte Merkmale und Charakteristiken selektiert werden kann.

Auch schon die Aufspaltung des Linienzucht-Ausgangspaares in weitere Linien ist denkbar. Hier werden die männlichen Tiere mit ihren weiblichen Nachkommen und umgekehrt verpaart.

Eine tiefergehende Erklärung dazu, wie man verfährt, um aus wenigen Anfangstieren mehrere Linien aufzubauen, folgt im nächsten Kapitel „Auskreuzung in der Linienzucht" (Seite 46).

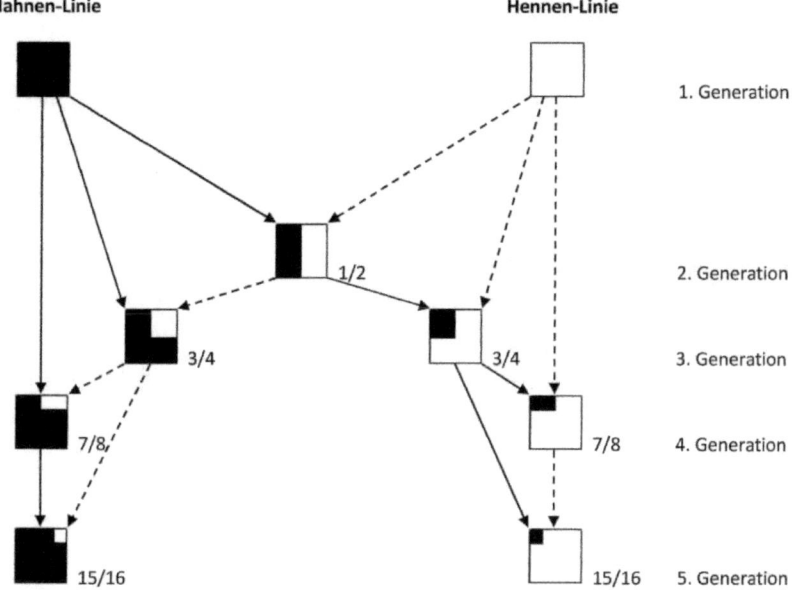

Abb. 2, Linienzucht-Diagramm

Die Quadrate repräsentieren einzelne Tiere bzw. Gruppen von Tieren, die in der Zucht eingesetzt werden oder aus dieser resultieren. Der schwarze bzw. weiße Anteil eines Quadrats ist gleichbedeutend mit dem Anteil des Blutes (Hahn schwarz, Henne weiß). Ein durchgängig schwarzer Pfeil bedeutet, dass ein Hahn aus einer Gruppe genutzt wurde, um die nächste Generation zu stellen. Ein gestrichelter Pfeil deutet auf eine Henne hin.

Natürlich lassen sich in der Zucht immer wieder neue Linien bzw. Tiere mit unterschiedlichen Blutanteilen ziehen. Würde man beispielsweise in der vierten Generation wieder ein Tier aus der Hahnen-Linie und ein anderes aus der Hennen-Linie miteinander verpaaren, würde man erneut Tiere mit rechnerisch 50 Prozent Blut der Hahnen- und 50 Prozent Hennenlinie erhalten (oben nicht illustriert).

Es mag den Anschein haben, die Linienzucht sei eine unnatürliche Art der Zucht. Dabei betreibt beispielsweise das Bankiva-Huhn oft natürliche Linienzucht:

In der Wildnis führt normalerweise ein Hahn die Gruppe. Selbst wenn es junge Hähne geben sollte, ist er der Chef. Die weiblichen Nachkommen bleiben zumeist in der Gruppe, wodurch sich der dominante Hahn mit seiner Mutter, Großmutter, Schwester, Tochter usw. verpaart. Wird er irgendwann von einem zumeist jüngeren und stärkeren Hahn besiegt oder fällt einem Räuber zum Opfer, wird sich der neue Anführer mit untereinander verwandten Hennen (und in der weiteren Folge mit ihm selbst verwandten Hennen) verpaaren. So findet auf natürliche Weise eine Art Linienzucht statt.

Vorteile:

- Wenn man Linienzucht betreibt, weiß man im Normalfall, was man bekommt.
- Es sollte, bei guter Herkunft der Ausgangstiere, wenig unerwartete Resultate geben.
- Linienzucht gibt die Möglichkeit, gewünschte Merkmale schnell zu festigen.
- Sie sichert die Zukunft und Reinheit der ganzen Familie und gibt zu jeder Zeit die Möglichkeit, neue Linien heraus zu züchten.
- Bei Tieren ohne genetische Defekte liegt die Chance fast bei null, dass sich künftig Defekte in der Familie manifestieren; einzige Ausnahme bilden Mutationen.
- Linienzucht gibt dem Züchter mehr Kontrolle darüber, welche Merkmale gefestigt und weitergegeben werden.

Was kann schief gehen?

- Es kann passieren, dass Merkmale gefestigt werden, die man nicht möchte, wenn man sich über die Anwesenheit dieser Merkmale nicht bewusst war.
- Vorher versteckte, also rezessive Merkmale können unerwartet auftreten.
- Die Zucht verläuft nicht planmäßig und die Nachzucht zeigt nicht die erhofften Merkmale.

Wie generell bei der Anwendung von Inzucht, ist es unerlässlich, sein Augenmerk nicht nur auf Äußerlichkeiten zu legen. Mindestens genauso wichtig, wenn nicht sogar wichtiger, sind andere Eigenschaften wie eine gute allgemeine Gesundheit, Fruchtbarkeit und Schlupffähigkeit. Ein angenehmes, der jeweiligen Rasse entsprechendes Temperament sollte keinesfalls vernachlässigt werden. Natürlich sind auch eine gute Körperform, Farbe und Federzustand von Belang, um nur einige Beispiele zu geben.

Es ist eine Balance all dieser Eigenschaften anzustreben. Ist dies nicht der Fall und ein oder mehrere wichtige Punkte werden vernachlässigt, kann es schnell passieren, dass gewünschte Attribute verloren gehen. Ist es einmal so weit gekommen, hat man es schwer, diese in Folge erneut in seine Linien zu bringen. Versucht man dies durch Einkreuzung geeignet erscheinender Fremdtiere, ist das natürlich immer mit der Gefahr verbunden, neben den erwünschten auch unerwünschte Merkmale, die vielleicht längst aus der eigenen Linie verdrängt wurden, erneut einzuführen.

Auch für einen solchen Fall ist es darum wichtig, mehrere Linien seiner Zuchtfamilie zu haben, um gewisse Unpässlichkeiten einer Linie mit einer anderen ausgleichen zu können, ohne auf komplett fremdes Blut zurückgreifen zu müssen. Dazu später mehr im Kapitel „Auskreuzen“.

Natürlich ist die Linienzucht eine sehr enge Methode, was den genetischen Pool angeht. Trotzdem bedeutet dies nicht automatisch, dass hieraus Degenerationsprobleme entstehen müssen. Voraussetzung ist, dass bei der Auswahl der Zuchttiere unter anderem viel Wert auf Gesundheit und Widerstandskraft sowie Fruchtbarkeit gelegt wird.

Viel ist abhängig von der Qualität der Zuchttiere, mit denen man die Linienzucht beginnt. Trotz allem sollten, wie bereits erwähnt, nicht mehr als 87,5 Prozent der Gene des ursprünglichen Zuchthahnes oder der -henne in jedem Individuum der Zuchtlinie stecken, was drei Rückkreuzungen an besagtem Tier gleichkommt.

Hahn oder Henne?

Auch wenn wir im ersten Beispiel dieses Kapitels von einem Hahn als Kopf der Linienzucht ausgegangen sind, ist die Rolle der Henne keinesfalls zu verachten. Viele Züchter sind der Meinung, dass die Henne der stärkere Teil des Paares ist, und plädieren deshalb dafür, dass eine Linienzucht stets ausgehend von einer Henne durchgeführt werden sollte.

Unabhängig davon, was die Überzeugung jedes Einzelnen ist, man sollte sich stets darüber im Klaren sein, dass die Henne zumindest ebenbürtig, niemals aber von weniger Belang ist als der Hahn.

Gleichgültig, ob man sich entscheidet, einen Zuchthahn oder eine Zuchthenne als Grundstein der Linie auszuerwählen, sie sollten gleicher Herkunft sein wie die Tiere, mit denen sie verpaart werden. Dies macht den Weg zur idealen Nachzucht sehr viel kürzer.

Die Linienzucht ist einfach als wichtiger Bestandteil der Inzucht zu sehen. Sie gibt die Möglichkeit, einen Stamm oder eine Familie zu erzüchten und aufrechtzuerhalten, der/die in jeder Hinsicht einheitlich ist.

Auch für beispielsweise die Erhaltung von Einzeltieren oder

Gruppen, von denen es nur wenige Exemplare gibt oder auf deren Art man keinen weiteren Zugriff hat, weil vielleicht nur noch wenige Tiere einer alten Linie existieren oder nur Einzeltiere bestimmter seltener Rassen aus fernen Ländern importiert wurden, empfiehlt sich die Anwendung dieser Zuchtmethode.

Auskreuzung in der Linienzucht

Bevor ich zum eigentlichen Thema komme, möchte ich zuerst etwas zu der Definition des Begriffs sagen und was genau ich damit in Bezug auf die Linienzucht meine.

Begriffsdefinition

Der Begriff Auskreuzung (Outcrossing) beschreibt in der Pflanzenzucht die Weitergabe einer genetischen Information auf Individuen einer anderen Art oder auf eine andere Population bzw. Sorte der gleichen Art. Eine solche Auskreuzung wäre zum Beispiel die, wenn weißkörnige Maispflanzen mit dem Pollen einer gelbkörnigen Sorte befruchtet würden. Somit könnte die genetisch eigentlich weißkörnige Sorte gelbe Körner hervorbringen, da in diesem Fall die gelbe Kornfarbe dominant gegenüber der weißen ist. Diese Weitergabe findet durch Pollen, die männlichen Keimzellen, statt.

Besondere Bedeutung und deshalb auch viel diskutiert wird die sogenannte Auskreuzung bei dem Thema gentechnisch veränderte Pflanzen, sogenannte gv- Pflanzen (oder gvo – gentechnisch veränderter Organismus). Hier geht es darum, dass gv- Pflanzen unter Umständen Einfluss auf nicht gentechnisch veränderte Pflanzen nehmen, indem die oft über Kilometer von Wind und Insekten transportierten Pollen Nicht-gv- Pflanzen bestäuben können. Außerdem hat beispielsweise Raps heimische Verwandte, wie Kohl und Rübsen sowie etlichen Ackerwildkräutern, auf die er ebenso Auswirkungen haben kann. Gentechnisch veränderter Raps, der beispielsweise ein Resistenzgen gegen Insekten oder bestimmte Pestizide trägt, kann diese Resistenz auf wilde Arten übertragen.

Im Allgemeinen spricht man in der Geflügelzucht dann von Auskreuzung, wenn Tiere verschiedener Herkunft, aber der gleichen

Rasse miteinander verpaart werden. Bei der Verpaarung eines Italiener Hahnes des einen Züchters mit einer blutsfremden Italiener Henne eines anderen würde man somit von einer Auskreuzung sprechen. Beim Auskreuzen in der In- und Linienzucht meine ich jedoch etwas anderes.

Vielmehr geht es in dem Zusammenhang darum, aus demselben Zuchtmaterial verschiedene Linien aufzubauen. Nehmen wir an, man hat seine Zucht mit einem Hahn und zwei Hennen begonnen. Hieraus hat man sich im Laufe der Jahre vier parallele Linien aufgebaut. Das Verpaaren eines Hahnes aus Linie 1 mit einer Henne aus Linie 2 wäre die Art Auskreuzung, von der ich im Folgenden sprechen möchte.

Anmerkung: Ich weise nochmals explizit darauf hin und bitte zu beachten, dass die allgemeingültige Beschreibung des Wortes „Auskreuzung" in der Tierzucht eine andere ist. Es geht in diesem Kapitel um die **Auskreuzung in der In- und Linienzucht**, welche ich im Folgenden der Einfachheit halber dennoch nur mit „Auskreuzung" bzw. „auskreuzen" bezeichnen werde.

Ohne Auskreuzung sind Inzucht und Linienzucht nur über einen überschaubaren Zeitraum funktionierende Methoden und auf lange Sicht zum Scheitern verurteilt. Auskreuzung ist die Verbindung, die dem ganzen System Leben einhaucht und Überleben ermöglicht.

Man kann schlecht für immer Linienzucht mit nur einer Linie betreiben. In den allermeisten Fällen würde man irgendwann an einen Punkt kommen, an dem Probleme auftauchen, die wir Inzuchtdepressionen nennen (siehe Seite 31). Irgendwann wird es nötig, neues Blut zuzuführen. Es ist besser, dies mithilfe einer entfernt verwandten Linie zu tun als durch komplett fremde Tiere, über die man absolut nichts oder nur wenig weiß.

Die parallele Zucht mehrerer Linien versichert in einem gewissen Umfang auch gegen etwaige Fehler, die bei der Selektion gemacht werden. Stellt sich beispielsweise nach langer Zeit heraus, dass in einer Linie wertvolle Gene, die das ursprüngliche Ausgangsmaterial noch besessen hat, verloren gingen, so ist es sehr wahrscheinlich, dass diese in einer der anderen Linien noch vorhanden sind. Wie im Vorfeld erwähnt, bezeichnet der verwendete Terminus „wertvoll" neben allgemeinen Punkten wie Fitness und Gesundheit stets auch Merkmale, die der jeweiligen Rasse und deren Nutzen zuträglich sind.

Es ist aus genannten Gründen also nicht ratsam, seine Zucht auf nur eine Linie zu beschränken. Auch die besten Linien können an einem bestimmten Punkt zusammenbrechen, und die jahrelange Mühe wäre verloren. Eine Anzahl von mindestens vier Linien ist deshalb eine gute Wahl, wenn man von den Vorteilen der In- und Linienzucht profitieren möchte.

Jede einzelne Linie wird sich mit der Zeit genetisch und teilweise auch optisch von den anderen Linien entfernen. Sie alle unterliegen jedoch dem gleichen Selektionsprozess und werden auf Gesundheit, Aussehen und die Beseitigung von Fehlern und Schwächen gezüchtet.

Benötigt eine der Linien die Zufuhr frischen Blutes, so ist man nicht gezwungen, den höchst heiklen Weg zu gehen und völlig unbekanntes Genmaterial hinein zu bringen. Hier wäre die Gefahr extrem hoch, sich zusammen mit der gewünschten Blutauffrischung erneut Genfehler oder einfach unerwünschte Merkmale in die Linie zu holen, die man vorher mühevoll herausgezüchtet hat. Im schlimmsten Fall würde man sämtliche Arbeit vorangegangener Jahre komplett zunichtemachen.

Auskreuzen in Bezug auf die In- und Linienzucht bedeutet also die Einführung frischen Blutes in eine Linie, jedoch Blut aus einer anderen Linie der gleichen Familie, die für einige Generationen in- und liniengezüchtet wurde. Hähne einer Linie werden mit Hennen einer anderen Linie der gleichen Familie verpaart. Diese Linien begründen sich alle auf dem gleichen Ausgangsmaterial, sind also nicht eng, aber entfernt miteinander verwandt. Es geht folglich um die Zucht mit Familien-Linien, nicht aber mit Rasse-Linien.

Wird ein sorgfältiges System aus Inzucht, Linienzucht und Auskreuzung durchgeführt, so wird es nur in Ausnahmefällen notwendig werden, Einkreuzungen mithilfe von Fremdtieren vornehmen zu müssen. Genau das ist der Zweck des Auskreuzens: Es versetzt den Züchter in die Lage, viele Jahre oder sein ganzes Leben lang an der Weiterentwicklung und Verfeinerung seiner Linien arbeiten zu können, ohne auf fremdes, unbekanntes Blut zurückgreifen zu müssen, das seine ausgeführte Arbeit in den meisten Fällen nur in Gefahr bringen würde.

Nun drängt sich vermutlich bei dem einen oder anderen eine gewisse Frage auf: Was ist mit der Einführung eines Tieres von dem Züchter, von dem ich meine ursprünglichen Tiere erworben habe? Nun, diese Frage lässt sich nicht so rasch beantworten.

Zuerst einmal muss man in Betracht ziehen, wie viel Zeit seit dem Erwerben der ersten Tiere vergangen ist. Hat es viel Mühe gekostet, einige Schwächen und Fehler heraus zu züchten, oder handelte es sich bereits um sehr hochwertiges und durchgezüchtetes Material? Wenn dem so ist, spricht nicht viel gegen die Auskreuzung mit einem Tier von diesem Züchter. Voraussetzung hierfür ist natürlich, dass dieser in der Zwischenzeit seine Linie so erhalten hat, wie sie zum Zeitpunkt der ersten Erwerbung war. Im Zweifelsfall muss man sich hier auf die Angaben des Züchters verlassen, ohne dies genau nachvollziehen zu können.

Hat man mittlerweile bestimmte Schwächen aus seinen Linien gezüchtet, so ist klar, dass man sich mit einem Tier von diesem Züchter vermutlich erneut die gleichen Fehler in seine Linie holt. Es ist immer ein Wagnis, sich auf die Angaben anderer Züchter zu verlassen, wenn man diese nicht wirklich sehr gut kennt.

Nehmen wir als Beispiel die Kampfhuhnzucht. Wildes Kreuzen, auch zwischen verschiedenen Rassen, ist hier oft zu beobachten. Natürlich hat der einzelne Züchter zumeist einen Überblick über die

Herkunft und Entstehungsgeschichte einzelner (gekreuzter) Tiere. Durch viel Umhergetausche, Zu- und Verkäufe landen solche Tiere aber oft bei Haltern, die entweder noch nicht so mit der Materie vertraut sind oder sich weniger um die genetische Zusammensetzung einzelner Tiere scheren. Dem weniger versierten Züchter werden dann angeblich reine Shamo oder Hint angepriesen, die genetisch aber nur zu 75 Prozent oder weniger dieser Rasse entsprechen, also nichts weiter sind als Kreuzungen. Wer seine Zucht in Folge mit diesen angeblich „reinrassigen" Tieren betreibt, verkauft später (natürlich guten Gewissens, denn er weiß es auch gar nicht besser) Nachzucht hieraus erneut als rassereine Tiere.

Solche Tiere, egal, wie sehr sie auf den ersten Blick der Rasse entsprechen, für die sie deklariert werden, blauäugig in seine mühsam aufgebauten Linien zu holen, wäre fatal. Sie würden mit relativer Sicherheit die Arbeit mehrerer Jahre zerstören. Immer wieder, vor allem ab der zweiten Generation, würden Tiere fallen, die mehr oder weniger aus der Art schlagen, und keiner könnte einem mehr sagen, weshalb das so ist. Warum soll man ein solches Risiko eingehen?

Natürlich wird es bei fremden Tieren immer wieder ein bestimmtes Merkmal geben, das einen fasziniert und das man sich für seine eigenen wünscht. Niemals sollte man jedoch unbedacht fremdes Blut sofort und unwiederbringlich in seine Linien einkreuzen, denn neben dem gewünschten Merkmal kann und wird man in den meisten Fällen auch unerwünschte importieren. Wer experimentieren will, dem rate ich zu einer anderen Vorgehensweise, mit der sich das Kapitel „Die Einführung neuen Blutes" beschäftigt (Seite 67).

Sinn und Notwendigkeit des Auskreuzens

Auskreuzung ist also das fehlende Glied in der In- und Linienzucht, welches das ganze System auf lange Sicht erst möglich macht.

Linienzucht auf ein einzelnes Tier kann nicht endlos praktiziert werden. Irgendwann wäre sozusagen ein toter Punkt erreicht, an dem es nicht weiter geht, und es bestünde die Gefahr, dass die ganze Linie zusammenbricht. Nehmen wir an, in einer Generation, in der eine Tochter an ihren Vater gepaart wird, erhalten wir nur noch Nachzuchten, die von Inzuchtdepression gezeichnet sind. Sind außer diesem Hahn und der Tochter keine weiteren Tiere aus dieser Linie mehr vorhanden, wäre man bewegungsunfähig und die Linie wäre mehr oder minder verloren. Dies ist zwar ein Extrembeispiel, aber im Bereich des Möglichen. Um es nicht so weit kommen zu lassen, haben wir als probables Mittel die Auskreuzung innerhalb entfernt verwandter Linien zur Hand und müssen nicht auf das riskante Vorgehen des Einkreuzens völlig fremden Blutes zurückgreifen. Die in sich gefestigten Linien können mit „frischem Blut" versorgt werden, ohne die genetische Integrität der Familie zu stören. Gerade für einzigartige Linien oder Familien innerhalb einer Rasse ist dies ein wichtiger Punkt, würde der Einfluss anderen Blutes sie doch verwässern und ihre Einzigartigkeit somit verlorengehen.

Nicht aber nur für besondere, möglicherweise alte Linien, sondern generell bei der Ausübung von Inzucht müssen wir ein komplettes System, bestehend aus Inzucht, Linienzucht und Auskreuzung, anwenden, um auf Dauer erfolgreich zu sein, Fortschritte zu festigen und zu sichern.

Ganz nebenbei hat Auskreuzung auch den Effekt, die Vitalität in der Nachzucht zu erhöhen. Dies resultiert aus dem Heterosiseffekt, dem ich mich später in diesem Kapitel widme. Außerdem ist Auskreuzung auch der Fruchtbarkeit und Schlupffähigkeit zuträglich, sofern hier ein Mangel herrscht.

Hat eine der gehaltenen Linien wichtige Gene verloren, was sich daran zeigt, dass die Entwicklung stagniert und keine weitere Verbesserung erzielt werden kann, so hilft hier zumeist eine Auskreuzung mit einer der anderen Linien, diese Probleme zu lösen. Auch um Defekte innerhalb einer Linie zu korrigieren, bietet sich die

Auskreuzung an.

Um ein ganz simples Beispiel zu nennen, möchte ich eines anführen, dass bereits einmal genannt wurde: Nehmen wir an, in Linie A ist ein hoher Stand erwünscht, sämtliche Tiere haben allerdings einen mittleren oder gar niedrigen Stand. Der hohe Stand wäre in diesem Fall die erwünschte Verbesserung, welche sich durch eine Auskreuzung mit einer anderen Linie, nennen wir sie Linie B, erreichen lässt. Voraussetzung ist in diesem Fall natürlich, dass die für die Auskreuzung genutzten Tiere der Linie B einen hohen Stand aufweisen.

Ähnlich verhält es sich mit allen anderen Verbesserungen, die wir durch Auskreuzung in eine Linie bringen wollen, ungeachtet welcher Natur diese sind.

Als generelles Maß kann man sagen, dass eine Auskreuzung zirka alle fünf bis sechs Jahre angebracht ist, um sich etwa gegen Inzuchtdepressionen zu schützen. Hierbei ist zu bemerken, dass man nach der durchgeführten Auskreuzung wieder in die jeweilige Linie züchtet, um deren Originalität zu bewahren. Die Auskreuzung dient lediglich den oben genannten Punkten wie Blutauffrischung oder der Korrektur von Defekten; sie ist nicht dafür gedacht, um mit den Produkten aus der Auskreuzung allein weiter zu machen und die beiden Herkunftslinien zu verwerfen!

Die Notwendigkeit mehrerer Linien

Um innerhalb der Linienzucht überhaupt die Möglichkeit zu haben, Auskreuzungen durchzuführen, ist es natürlich notwendig, andere Linien zu haben, auf die man für diesen Zweck zurückgreifen kann. Um die Flexibilität zu erhöhen und auf eventuell auftretende Probleme angemessen reagieren zu können, ist es ratsam, mehr als zwei Linien der gleichen Familie zu führen.

Sorgfältige Selektion sollte zum Grundgerüst eines jeden

Inzuchtprogrammes gehören und diese muss unter Beachtung vieler und nicht nur einzelner Punkte wie etwa der Körperstatur der Tiere durchgeführt werden.

Genetik ist ein sehr breites Feld. Ein Huhn hat nach derzeitigem Wissensstand nicht weniger Gene als etwa der Mensch. Trotz einer mit bestem Wissen durchgeführten Selektion kann es dazu kommen, dass wichtige Gene in einer Linie verloren gehen. Die Chance ist groß – je mehr Linien, desto größer –, dass diese Gene in einer oder mehrerer der anderen Linien noch vorhanden sind. So schützt eine größere Anzahl an geführten Linien vor dem Verlust wertvoller Gene für die gesamte Familie.

Oftmals steht dem Züchter nur begrenzt Platz zur Verfügung, was der parallelen Haltung mehrerer Linien im Wege steht. Wenn dies zwar noch weit vom Optimum entfernt ist, so ist jedoch natürlich die Führung von wenigstens zwei Linien für die Durchführung der In- und Linienzucht unbedingt vonnöten.

Das System Inzucht – Linienzucht – Auskreuzung ist ein geschlossener Kreislauf und es ist wichtig zu verstehen, dass nur dieser geschlossene Kreislauf auf lange Sicht den gewünschten Erfolg bringen kann.

Wann ist es Zeit für eine Auskreuzung?

Abgesehen von der bereits angesprochenen generellen Notwendigkeit, einer Linie zirka alle fünf bis sechs Jahre Blut einer anderen Linie zuzuführen, gibt es sichtbare Indikatoren, die darauf hinweisen, dass Handlungsbedarf besteht.

Eine Stagnation im Zuchtprogramm, was die Verbesserung der Tiere angeht, ist so ein Indikator, denn dies weist darauf hin, dass wichtige Gene fehlen. Vielleicht will in einer Linie auch nach Jahren der Zucht einfach nicht die gewünschte Augenfarbe der Tiere zustande kommen. Das kann daran liegen, dass die nötigen Gene für dieses Zuchtziel einfach nicht vorhanden sind. Auch ein drastischer Rückgang der Fruchtbarkeit, Schlupffähigkeit und Überlebensfähigkeit der Küken sind eindeutige Zeichen, ebenso wie ein schlechter allgemeiner Gesundheitszustand, solange dieser nicht durch gravierende Erkrankungen oder schlechte Haltungsbedingungen ausgelöst ist.

In einer sorgfältig durchgeführten In- und Linienzucht, in der durchdachte Selektion durchgeführt wird, sollten solche Extreme selten auftreten. Sie sind nur als eine Art letzte Warnung zu verstehen und signalisieren Handlungsbedarf.

Als generelles Maß gilt, dass, wenn in der Linienzucht auf ein bestimmtes Tier gezüchtet wird, die Grenze bei 87,5 Prozent des Blutes dieses Tieres liegt, bevor eine Auskreuzung nötig wird, um der Gefahr einer Inzuchtdepression aus dem Wege zu gehen (vgl. Abb. 1, Seite 39).

Auskreuzung stärkt und erfrischt die gesamte Familie, ohne all das zu zerstören, was man sich mühevoll aufgebaut hat. Wenn die einzelnen Linien über einen ausreichend langen Zeitraum, also etwa fünf oder sechs Jahre, separat geführt werden, ist das Ergebnis einer Auskreuzung von einer Linie mit der anderen das Auftreten des Heterosiseffekts.

Darüber hinaus kann man einzelne Tiere, die das Ergebnis einer Auskreuzung sind und besondere Qualitäten aufweisen, in der Folge als Zuchttiere verwenden. Dies ist bei Kreuzungen mit fremden Tieren nicht anzuraten.

Heterosiseffekt

Mehrfach ist bereits vom sogenannten Heterosiseffekt die Rede gewesen. Dieser Abschnitt wird sich ihm etwas näher widmen, um zu verstehen, worum es sich dabei handelt und wie diese Erscheinung zustande kommt.

Gemeint ist ein Effekt, der sich auf die erste (und nur auf die erste) Hybridgeneration auswirkt. Werden zwei reine Rassen oder Linien miteinander gekreuzt, so ist ein bedeutender Teil der Nachkommenschaft, was Eigenschaften wie Kraft, Ausdauer, Schlupffähigkeit und allgemeine Konstitution betrifft, zumeist besser als beide reinen Elterntiere. Genauer gesagt, liegt das Mittel der Leistungsfähigkeit über dem der Ausgangstiere. Hierbei spricht man vom sogenannten Heterosiseffekt und es gibt verschiedene Theorien, wie dieses Phänomen zustande kommt.

Eine Erklärung ist die, dass Tiere jeder Linie oder Rasse Schwächen in einzelnen Keimzellen aufweisen. Stellen wir uns vor, A und B sind Gene, die, neben hunderten anderen, sehr wichtig für die Vererbung sind. Wir nehmen an, Rasse 1 ist reinerbig für Gen A, besitzt also die genetische Kombination AA. Für Gen B gibt es viele mischerbige Tiere (AABb) und viele, denen Gen B komplett fehlt (AAbb).

Auf der anderen Seite, bei der Rasse oder Linie 2, sind die Tiere reinerbig für Gen B (BB), aber mischerbig für A (AaBB) oder dieses Gen fehlt ihnen komplett (aaBB).

Werden nun Rasse 1 und Rasse 2 miteinander gekreuzt, so haben alle Hybriden aus dieser Verpaarung die Gene A und B zumindest einmal. Es wird keine Küken geben, denen es an einem der Gene mangelt. Mit anderen Worten überdeckt Rasse 1 die genetischen Schwächen von Rasse 2 und umgekehrt.

Günstige Allele sind eher dominant. Unterscheiden sich die reinerbigen Eltern nun an vielen Genorten, also der Hahn der Rasse 1 besitzt beispielsweise die Gene AAbb, CCdd, EEff, GGhh usw. und die Henne der Rasse 2 die Gene aaBB, ccDD, eeFF, ggHH usw., so haben die Kreuzungsnachkommen im Gegensatz zu ihren reinerbigen Eltern die genetische Information AaBbCcDd usw.; ein dominantes, günstiges Allel eines jeden Genes. Dies ist natürlich ein Vorteil und kann sich zum Beispiel in der vergleichsweise gesteigerten Wüchsigkeit der Hybriden, also des schnelleren und kräftigeren Wachstums, ausdrücken.

Ebenso wie bei verschiedenen Rassen, tritt ein Heterosiseffekt auch bei der Auskreuzung zwischen Linien auf. Da jede Linie für sich ingezüchtet wird, unterscheidet sie sich im Laufe der Zeit immer mehr von einer anderen Linie der gleichen Familie. Inzucht erhöht, wie wir wissen, die Homozygotie an bestimmten Genorten. Da sich diese Homozygotie in Bezug auf die betroffenen Genorte zwischen den einzelnen Linien unterscheidet, steigert eine Auskreuzung die Anzahl der dominanten und somit zumeist günstigen Allele bei den Nachkommen.

Gerade in der Nutzpflanzenzucht wird dieser Effekt sehr ausgiebig genutzt. Heutzutage etwa sind viele Pflanzen auf unseren Äckern Hybriden, die sich diesen Heterosiseffekt zunutze machen, von dem man immer spricht, wenn die beobachtete Leistung der ersten Filialgeneration (F1) höher ist als die durchschnittliche Leistung der Elterngeneration. Grundstein für die Hybridzucht sind immer reine, ingezüchtete Elternlinien. Die F1-Hybriden, egal, ob in der Tier- oder Pflanzenzucht, sind generell uniform und daher vorhersehbar, was für deren Nachkommen nicht mehr gilt, da diese sich wieder in die Merkmale der Ursprungslinien aufspalten.

Kommen wir zurück zur Hühnerzucht und stellen uns vor, dass der Heterosiseffekt ausschließlich wie oben beschrieben darauf beruht, dass etwaige genetische Schwächen des einen Elternteils durch den anderen ausgeglichen werden. Unweigerlich kann man zu der Annahme kommen, dass es möglich wäre, die Qualität einer Rasse durch die Einkreuzung eines Hybriden und anschließender Selektion auf das gleiche Level der besten F1- Hybriden bringen zu können. Dies ist aber leider nicht der Fall. Der Heterosiseffekt wirkt wie ein zusätzlicher Energieschub und hat diesen Effekt nur auf die erste Kreuzungsgeneration.

Die Tatsache, dass sich ein Heterosiseffekt bei Hybriden einstellt (und nur da), ist stets zu bedenken. Bei allen Vorteilen und Nutzungsmöglichkeiten, die dieses Phänomen bietet, birgt es auch eine Gefahr für den unerfahrenen Züchter. Die sichtbaren Vorteile des Effektes können die Vorteile der Reinzucht von Zeit zu Zeit überschatten und zu katastrophalen Entscheidungen führen. Dann nämlich, wenn ein Züchter die Qualität eines Hybriden sieht, die die seiner Eltern übersteigt, und die folgenschwere Entscheidung trifft, diesen Hybriden für die weitere Zucht einzusetzen und die reine Elternlinie zu verwerfen. Dies wäre der größte Fehler, den er machen kann! Im darauffolgenden Jahr wird er erleben, wie die Nachzucht aus diesen Hybriden in ihrer Qualität wieder abfällt und an die der reinen Ursprungstiere nicht mehr heranreicht. Ist die reine Linie dann nicht mehr vorhanden, wurde möglicherweise jahrelange züchterische Arbeit über Bord geworfen und man steht wieder am Anfang.

Aus diesem Grund sollte man um diesen Effekt wissen und sich stets vor Augen halten, dass sichtbare Qualität nicht gleichbedeutend ist mit Zuchtqualität. Der Heterosiseffekt ist hauptsächlich für die sichtbare Qualität verantwortlich. Es handelt sich um keine vererbbare Qualität, sondern lediglich um eine vorübergehende Verbesserung, sie kann also nicht von einer Generation zur nächsten weitergegeben werden.

Viele Züchter gehen den Weg, dass sie Jahr für Jahr einfach die offensichtlich besten Tiere aus blutsfremden Verpaarungen auswählen und mit anderen, ebensolchen ungefestigten Tieren aus eigener oder fremder Zucht verpaaren. Dann wundern sie sich, dass sie letztendlich ihrem Zuchtziel immer nachhängen. Natürlich fallen auch auf diese Weise von Zeit zu Zeit optisch gute Tiere, weil sie zufällig mehr brauchbare Gene als der Großteil ihrer Geschwister geerbt haben. Mit planmäßiger Zucht hat dies jedoch wenig zu tun. Dies ist letzten Endes nichts weiter als ein Lottospiel, bei dem es auch eine theoretische Chance auf einen Gewinn gibt.

Ständiges willkürliches Kreuzen führt ebenso zu einer Verschlechterung der Qualität wie mangelhafte Selektion während der Durchführung eines Inzuchtprogrammes, da hier gleichermaßen vorteilhafte Gene verloren gehen können.

Es sei an dieser Stelle gesagt, dass der Heterosiseffekt keine Wunder vollbringen kann. Im Zweifelsfalle sind die reinen Nachkommen einer sehr guten Linie den Hybriden aus zwei minderwertigen Linien in ihrer Qualität weit überlegen. Auch der Heterosiseffekt vermag es nicht, aus zwei Hauskatzen einen Löwen zu machen, um es salopp auszudrücken.

Es ist zudem kein universelles Naturgesetz, dass jeder Hybrid in allen Belangen eine Ausnahmeerscheinung im positiven Sinne sein muss. Viele Hybriden, gerade wenn es sich um sehr entfernt verwandte Ausgangsrassen handelt, sind beispielsweise hochgradig steril, wie es etwa Maultiere zeigen oder Kreuzungen aus Schafen und Ziegen. Kreuzungen aus Hühnern und Truthähnen werden nicht einmal lebend geboren.

Nicht vergessen werden darf beim Thema Heterosiseffekt zu guter Letzt, dass es die Eltern eines Hybriden sind, die den größten Wert haben. Die außergewöhnliche Stärke eines Hybriden stützt sich, wie erwähnt, in erster Linie auf den Heterosiseffekt, der durch die Verpaarung der Eltern entsteht. Hybriden sind, gleichgültig, wie gut sie auch sein mögen, Endprodukte und vermögen nicht die Ganzheitlichkeit ihrer Qualität an ihre Nachkommen weiter zu vererben. Dies zum Phänomen Heterosiseffekt und seiner Entstehung im Allgemeinen.

Die Produkte einer Auskreuzung zwischen verschiedenen entfernt verwandten Linien sind natürlich auch Hybriden und profitieren damit vom genannten Effekt. Wie bereits erwähnt, können solche Tiere dennoch zur weiteren Zucht eingesetzt werden, indem sie wieder an linienreine Exemplare zurückgepaart werden.

Es ist lediglich zu beachten, und das möchte ich hiermit herausstellen, dass die sichtbare Qualität eines Hybriden nicht gleichzeitig seiner wahren Qualität entsprechen muss. Die Auskreuzung dient der Auffrischung der gehaltenen Linien, sie bezweckt nicht deren anschließende Verwerfung. Solche Hybriden sind also keine Endprodukte in dem Sinne, dass eine weitere Zucht mit ihnen ausgeschlossen ist. Hybriden generell, und hiermit meine ich hauptsächlich die Kreuzungsprodukte in der planmäßigen, wirtschaftlichen Hybridzucht sind dahingehend Endprodukte, dass sie das Maximum der Möglichkeiten darstellen. Legehybriden beispielsweise, wenn sie untereinander verpaart werden, bringen nur Nachzucht hervor, die an die Leistungen der Eltern höchstens in Einzelpunkten, niemals jedoch in ihrer Gesamtheit heranreichen. Sie spalten in die einzelnen Qualitäten auf, die ihre Eltern in sich vereint hatten.

In der In- und Linienzucht bringen wir durch Auskreuzung keine Hybriden hervor, um lediglich den Heterosiseffekt auszunutzen. Die Auskreuzung hat die Aufgabe, eine Blutauffrischung zu gewährleisten und eventuell auftretende Probleme in den einzelnen Linien zu bekämpfen, diesen vorzubeugen, oder in einzelne Linien nicht existente oder verlorengegangene Merkmale einzuführen.

In dieser Hinsicht, bildet die 1/16- Methode ein gutes Beispiel, das später noch erklärt wird (Seite 70).

Auskreuzung im Vergleich zur Kreuzungszucht

Bevor wir die Kreuzungszucht betrachten, muss erst einmal geklärt sein, was mit diesem Begriff überhaupt gemeint ist.

Kreuzungszucht im Allgemeinen bedeutet die Verpaarung von Tieren und auch Pflanzen miteinander, die verschiedenen Arten, Sorten, Rassen oder fremden Linien der gleichen Rasse angehören. Damit steht diese Zucht im Gegensatz zum Auskreuzen in der In- und Linienzucht.

Kreuzungen profitieren zumeist vom Heterosiseffekt und zwar umso mehr, je ingezüchteter und damit gefestigter die Ausgangstiere sind. In der Wirtschaftszucht wird dies unter anderem genutzt, um Hybride mit guten Masteigenschaften zu erhalten, wie man es beispielsweise bei Schweinen handhabt. Auch die überdurchschnittliche Leistung von Legehybriden stützt sich zu einem großen Teil auf diesen Effekt.

Wie bereits beim Thema „Heterosiseffekt" erklärt, sind solche Wirtschaftshybriden natürlich Endprodukte, die nicht fähig sind, ihre vorzüglichen Leistungen an ihre Nachkommen zu vererben. Um gleichwertige Tiere zu erhalten, ist es notwendig, stets wieder die gleiche Kreuzung der Ursprungstiere zu unternehmen.

Um keinen falschen Eindruck zu erwecken, sei gesagt, dass es nicht so ohne weiteres möglich ist, durch irgendeine Kreuzung Tiere mit solch außergewöhnlichen Leistungen wie etwa der von Legehybriden zu erzüchten. Vielmehr handelt es sich bei den Ausgangstieren in diesem Beispiel um von Genetikern herausgezüchtete Linien, deren genaue Zusammensetzung und spätere Verfahrensweise bei der Kreuzung ein großes Geheimnis der jeweiligen Produktionsfirma ist, von dem der wirtschaftliche Erfolg des ganzen Unternehmens abhängt.

Das klingt logisch, oft scheinen Züchter aber der Vorstellung zu erliegen, mal eben zwei oder drei Rassen miteinander zu verkreuzen, um am Ende genau das Tier zu erhalten, das sie sich erträumten. Es wäre zwar schön, aber so einfach ist es leider nicht. Es gehört einiges an Wissen über Vererbung und Zucht dazu, um mit der großen Variabilität umzugehen, die Kreuzungen mit sich bringen und auch nur wenige Eigenschaften verschiedener Tiere in einem zu vereinen.

Vor- und Nachteile des Kreuzens

Ich möchte an diesem Punkt noch einmal daran erinnern, dass ich mit „kreuzen" nicht allein das Verpaaren von unterschiedlichen Rassen meine. Gerade im Vergleich zum Auskreuzen in der Linienzucht ist klar, dass wir an dieser Stelle, beim Verpaaren von Tieren, die zwar der gleichen Rasse angehören, aber keine genetische

Relation zueinander haben, von Kreuzung sprechen müssen. Ich beziehe mich bei dieser Aussage allein auf die In- und Linienzucht. Im Allgemeinen bezeichnet man, wie bereits am Anfang des Kapitels beschrieben, das Verpaaren von Tieren der gleichen Rasse ohne Verwandtschaftsverhältnis zueinander als Auskreuzung.

Der wohl signifikanteste Vorteil, den eine Kreuzung mit sich bringt, ist die in den meisten Fällen merkbare Verbesserung in den Punkten Fruchtbarkeit (außer bei sehr entfernt verwandten Arten), Schlupffähigkeit, generelle Leistung und Widerstandsfähigkeit in der ersten Kreuzungsgeneration durch den Heterosiseffekt.

Das Kreuzen von Typen und Rassen bietet eine schier unerschöpfliche Quelle an Möglichkeiten in der Neuzüchtung oder Anpassung von Rassen. Die meisten der uns heute bekannten Rassen und die Vielfalt, die damit einhergeht, sind ein Produkt von Kreuzungen. Durch Kreuzungen verschiedener Ausgangstiere ist es auf längere Sicht natürlich möglich, immer wieder neue Tiere für bestimmte Zwecke zu erzüchten.

Doch der wichtigere Teil - und das wollen wir nicht vergessen - ist nach wie vor, Rassen und Linien zu züchten, die relativ fest in ihren Eigenschaften sind.

Wenn in der Zucht passende Methoden angewandt werden, gibt es keine oder nur äußerst selten die Notwendigkeit, auf Kreuzungen zurückgreifen zu müssen. Selbst wenn im Allgemeinen Vitalität und Leistung durch eine Kreuzung gesteigert werden können, ist es ebenso wahrscheinlich, andere wichtige Eigenschaften, auf die man möglicherweise jahrelang durch planmäßige Inzucht hingearbeitet hat, zu verlieren. Hier liegt es am Züchter, selbst zu entscheiden, ob die zu erwartenden Vorteile einer Kreuzung überwiegen oder womöglich doch die Verluste. Wie bereits erwähnt, ist Inzucht nicht gleichbedeutend mit einem Muss an Verlust von Vitalität und Leistungsfähigkeit. Eine ausgewogene Selektion, bei der nicht nur Äußerlichkeiten im Fokus des Züchters liegen, ist der Schlüssel zu kräftigen und widerstandsfähigen Tieren, die noch dazu in ihren positiven Merkmalen gefestigt sind, bei gleichzeitiger Beseitigung von Schwächen und Fehlern.

Tatsächlich ist es möglich, mit nur einer vorgenommenen Kreuzung schlagartig einen Sprung nach vorne zu machen, wenn es allein um die Betrachtung eines oder weniger Punkte geht. Auf der anderen Seite kann und wird es in den meisten Fällen wiederum Jahre dauern, etwaige Probleme und Fehler, die sich durch die Kreuzung manifestiert haben, wieder auszugleichen und heraus zu züchten. Ist eine Einkreuzung notwendig geworden, da in der Inzucht falsche Methoden angewandt und eine mangelhafte Selektion durchgeführt wurde, die zu Fehlern wie etwa schlechter Fruchtbarkeit und Vitalitätsmangel führte, so wird auch diese Kreuzung nicht ihren Zweck erfüllen können, wenn in der Folge erneut eine falsche Zuchtauslese stattfindet. Selbst wenn durch die Kreuzung eine Verbesserung in den genannten Punkten stattgefunden hat, so werden sich zumeist neue Fehler oder in der Linie zuvor bereits herausgezüchtete Schwächen wiederum zeigen. Bei erneuter falscher Zuchtauslese werden wahrscheinlich in der Zeit, die nötig ist, um die neu erworbenen Schwächen auszugleichen, die gleichen Probleme wieder auftauchen, die zur Notwendigkeit der Kreuzung geführt haben. Deshalb möchte ich nochmals betonen, dass es stets eine ganzheitliche Selektion geben muss, in der alle relevanten Punkte beachtet werden. Niemals sollten Tiere zu Zuchtzwecken eingesetzt werden, die eine schlechte allgemeine Fitness oder sonstige Schwächen zeigen, nur weil sie möglicherweise vom Typ her überzeugen. Man muss sich stets im Klaren darüber sein, dass durch Inzucht alle Merkmale eines Tieres gefestigt werden, nicht nur die guten!

Infolge einer Kreuzung kommt es in der ersten Generation zu einem sprunghaften Anstieg der Heterozygotie. An vielen Genorten wird neben den zumeist negativen rezessiven Genen auch ein positives dominantes Gen seinen Platz finden. Hiervon profitiert das entstandene Tier und zeigt in seiner Ganzheitlichkeit eine

Verbesserung im Vergleich zu beiden Elterntieren. Dieser Vorteil für das besagte Tier bedeutet allerdings gleichsam den Nachteil für folgende Generationen. Die große Bandbreite seiner genetischen Variabilität resultiert nämlich in einer ebenso großen Bandbreite der Merkmale in der Nachzucht. Von Homogenität kann keine Rede mehr sein, die entstehenden Tiere werden in ihren Merkmalen und Qualitäten weit auseinanderdriften. Genau das ist es, was ein Kreuzungstier zu einem schlechten Zuchttier macht. Die Nachzucht wird extrem unvorhersehbar und spaltet in alle möglichen Richtungen und Kombinationen auf.

Mögliche Ergebnisse aus Kreuzung

In der ersten Generation aus zwei Rassen oder fremden Linien derselben Rasse treten zumeist gute, starke und fitte Individuen auf. Die Ergebnisse aus der Weiterzucht hingegen sind immer unvorhersehbar und häufig sogar überraschend. Kreuzungen tendieren ebenfalls dazu, Tiere hervorzubringen, die in ihrer Typik keiner der Ausgangsrassen zuzuordnen sind, sondern teilweise in Richtung der Ursprungsrassen dieser oder gar noch entfernterer Vorfahren streben.

Es liegt natürlich auch an den Ausgangstieren an sich, welche Ergebnisse eine Kreuzung mit sich bringt:

Fall 1:

Zwei Tiere mit sehr unterschiedlichen Merkmalen bringen zumeist, durch den Heterosiseffekt beeinflusst, gesunde, fitte Tiere hervor. Durch die prägnanten Unterschiede der Elterntiere spalten die Nachkommen in ihrem Aussehen und Charakteristiken jedoch zumeist sehr stark auf. Werden die entstandenen Tiere erneut untereinander verpaart, spalten auch deren Nachkommen erneut weit auf, da deren Eltern nun ein hohes Maß an Mischerbigkeit aufweisen.

Hinzu kommt, dass diese F2-Nachkommen im Großen und Ganzen sogar schlechter in ihrer Leistungsfähigkeit sind als die ursprüngliche Parentalgeneration, also deren Großeltern.

Fall 2:

Ein etwas anderes Ergebnis erhält man, wenn Tiere verpaart werden, von denen einer der beiden viele Merkmale trägt, die dominant über die des anderen sind. In diesem Fall ist die F1 hieraus möglicherweise nicht, was der Züchter erwartet oder erhofft hat.

Ist ein Merkmal, das man in der Nachzucht sehen wollte, rezessiv, und der Träger dieses Merkmals wird an ein Tier gepaart, das ein anderes, dominantes Merkmal trägt, überlagert dieses das rezessive, welches folglich nicht gezeigt wird. Das gewünschte Ergebnis wird dann teilweise erst in der nächsten Generation, der zweiten Filialgeneration, auftreten.

Fall 3:

Werden Tiere miteinander verpaart, die sehr ähnliche Merkmale aufweisen, kann es in der F1 zu einer sehr schönen, harmonischen Nachzucht kommen, besser als im ersten Beispiel. Für die F2 muss dies aber nicht mehr gelten.

Die erste Generation aus zwei fremdblütigen Tieren ist im Normalfall durchaus gut. Sie zeigen oft Verbesserungen in vielen Punkten und profitieren in ihrer allgemeinen Konstitution vom Heterosiseffekt. Nicht vergessen werden darf allerdings, dass der Zuchtwert solcher Tiere stark eingeschränkt ist.

Ich möchte an dieser Stelle deutlich machen, dass das Kreuzen von Tieren unterschiedlicher Herkunft hier keinesfalls verteufelt werden soll. Es spricht nichts dagegen, seinem Forscherdrang freien Lauf zu lassen, solange hieraus keine Qualzuchten entstehen, also absichtlich oder unabsichtlich Tiere erzüchtet werden, die aufgrund innerlicher oder äußerlicher Mängel kein normales Leben führen können oder unter ständigen Schmerzen leiden müssen. Auch ist es eine nicht zu verachtende Möglichkeit, bereits gelerntes theoretisches Wissen in der Praxis bestätigt zu bekommen, das eine oder andere hinzuzulernen oder besser zu verstehen. Wenn komplett neue Tiere für einen bestimmten Zweck erzüchtet werden sollen, ist es natürlich notwendig, zumindest zu Beginn, den Weg über Kreuzungen zu gehen.

Was ich einzig in den Vordergrund stellen möchte, ist der Fakt, das fortwährende wilde Kreuzung in der Rassezucht, in der man auf bestimmte Ziele und die Festigung gewünschter Charakteristiken hinarbeitet, nicht zu empfehlen ist.

Kreuzungen und ihre Auswirkungen

Einheitliche Kreuzungsnachzucht wird nur erreicht, wenn die Elterntiere in ihrem jeweiligen Typ gefestigt sind. Nur wenn sie aus verschiedenen gefestigten Linien stammen, kann ein vorteilhaftes Ergebnis, vor allem in Bezug auf das Auftreten des Heterosiseffektes, erwartet werden. Dann, und nur dann, wird die Kreuzungsnachzucht weitgehend einheitlich in Form, Farbe und Größe sein. Dies gilt allerdings, das muss betont werden, nur für die F1-Generation. Eine Weiterführung der Zucht mit ihr wird hingegen zu sehr unterschiedlichen Tieren führen, die in ihrer Erscheinung entweder einem der ursprünglichen Ausgangstiere ähneln, oder dem anderen, eine Mischung aus beiden darstellen, bis hin zu völlig neuen Ausprägungen.

Uniformität kann erst wieder durch strenge Selektion während vieler folgender Generationen erreicht werden, ein langer und langsamer Prozess.

Hat ein Züchter, für welchen Zweck auch immer, eine erfolgreiche Kombination zweier Tiere gefunden, so ist es notwendig, will er nochmals das gleiche Ergebnis erzielen, dieselbe

Verpaarung erneut zu machen. Nicht jede Verbindung zweier Tiere, mögen sie noch so rein und unverwandt sein und den gleichen unterschiedlichen Rassen wie zuvor entstammen, bringt gute und erwünschte Resultate. Genau das ist das Problem mit Kreuzungen: Sobald der originale Hahn oder die Henne gegangen ist, verschwindet auch der Erfolg.

Der Zuchtwert eines Hybriden für andere

Um bestimmte Ziele zu erreichen, beispielsweise besonders gute Ausstellungstiere, bedienen sich manche Züchter der Kreuzung zweier Tiere, die dann besonders gute Hybriden hervorbringen. Dies ist legitim und kann niemandem verwehrt werden. Problematisch ist dies in der Folge auch nicht für ihn, sondern für andere Züchter, die ein solches vermeintliches Toptier für ihre Zucht erwerben. Der Interessent sieht im Ausstellungskäfig oder auf einer Webseite ein erstklassiges Individuum und kauft es in der Annahme, damit ebensolche oder zumindest nicht grundlegend schlechtere Nachzucht zu erhalten. Tritt dies dann nicht ein, ist die Verwunderung mitunter groß.

Der Zuchtwert eines Tieres lässt sich nicht unbedingt an seiner äußeren Erscheinungsform erkennen, es kommt wortwörtlich auch auf die inneren Werte an.

Die Einführung neuen Blutes

Selbst bei der Anwendung geeigneter und durchdachter Zuchtpraktiken wie Inzucht und Linienzucht hat zumeist jeder Stamm oder jede Linie eine oder mehrere Schwächen, die herausgezüchtet werden müssen. Bei paralleler Führung mehrerer entfernt verwandter Blutlinien sind solche auftretenden Probleme zumeist durch eine Auskreuzung zu beheben. Handelt es sich allerdings um Schwächen, die in allen Linien zu finden sind, führt man keine weitere Linie oder es soll ein neues Attribut eingebracht werden, kann es notwendig werden, neues, fremdes Blut einzuführen.

Hierzu wird eine andere Blutlinie, die stärker in jenen Punkten ist, in denen die eigene Schwächen aufweist, eingeführt. Dies sollte in einer maßvollen Weise geschehen, niemals sollte neues Blut planlos und exzessiv in eine bestehende Linie eingekreuzt werden.

Als ersten Schritt ist es daher ratsam, zu testen, inwieweit das neue Blut überhaupt mit dem eigenen harmoniert und ob sich hieraus die erhofften Vorteile ziehen lassen.

Um dies zu erreichen, wird eine Testverpaarung durchgeführt. Handelt es sich beispielsweise um einen Hahn, den man von außen zugekauft hat, so sollte er direkt an mehrere, etwa drei oder vier ausgewählte Hennen aus der eigenen Linie gepaart werden. Die Nachzucht aus dieser Verpaarung muss nun sehr sorgfältig auf ihre Qualität hin beobachtet werden. Erst wenn die Ergebnisse gut sind und einen Schritt nach vorn versprechen, sollte man in Betracht ziehen, das Blut des Hahnes in die eigentliche Linie zu kreuzen. Natürlich muss man im Hinterkopf behalten, dass sich mögliche rezessive Fehler, die der neue Hahn im Gepäck hatte, in dieser ersten Kreuzungsnachzucht noch nicht zeigen werden.

Deshalb ist der bessere Weg, statt besagten Hahn direkt in die Linie einzukreuzen, die erste Kreuzungsnachzucht für die Weiterführung der Infusion heranzuziehen. Das hat den Vorteil, nicht nur die Qualität und Fitness dieser Nachzucht testen zu können, es verringert vor allem den Anteil des neuen Blutes in der eigenen Linie und damit ein wenig das Risiko, unerwünschte Merkmale zu übernehmen.

Statt eines Hahnes kann man natürlich auch ein oder zwei fremde Hennen mit den gewünschten Eigenschaften erwerben und diese mit einem ausgewählten Hahn der eigenen Linie testweise verpaaren.

Anmerkung: Neues Blut, das in einem oder mehreren Punkten besser ist als das eigene, muss natürlich ebenfalls in seiner Gesamtheit betrachtet werden, nicht nur in Hinblick auf besagte Punkte. Es ist nicht zu empfehlen, Tiere einzukreuzen, die zwar in einem Punkt besser sind, in ihrer Gesamtheit jedoch qualitativ weit hinter den eigenen zurückfallen. Mehrere Fehler einzuführen, nur um ein gewünschtes Merkmal zu erlangen, kehrt den Nutzen einer solchen Vorgehensweise um.

Wenn es darum geht, neues Blut in die eigene Familie einzuführen, dann sollte das nicht aus Angst vor Degeneration geschehen oder einfach nur, weil es „frisches Blut" ist. Der Grund sollte ausschließlich der sein, dass dieses fremde Blut in einem oder mehreren Attributen besser ist als das eigene. Dies gilt auch für die oft angewandte Praxis, mit einem bestimmten Züchter immer wieder Tiere zu tauschen. Beide Seiten sollten profitieren. Wenn davon auszugehen ist, keinen Vorteil von der Einführung fremden Blutes zu haben, so sollte man dies tunlichst vermeiden.

Die Angewohnheit, ständig neues Blut von außen in die eigene Zuchtfamilie einzuführen, ist keine gute Zuchtpraxis. Sie macht es sehr schwer, wenn nicht gleich unmöglich, eine vererbungssichere Familie aufzubauen. Es bleibt letzten Endes eine Strategie der Vermutungen und Spekulationen. Zudem kann es vorkommen, dass zwei Linien überhaupt nicht miteinander harmonieren und minderwertige Nachzucht hervorbringen. Deshalb ist es ratsam, zuerst eine oder mehrere Testverpaarungen durchzuführen, bevor man neues Blut in seine ganze Zucht einführt und es im schlimmsten Falle keinen Weg mehr zurück gibt.

Man sollte sich darum viel Zeit lassen und mit den produzierten Tieren experimentieren. So hat man die Möglichkeit, deren Nachkommen zu studieren. Erst wenn diese auf ganzer Linie befriedigen, kann man das neue Blut guten Gewissens in den Rest der Zucht integrieren. Viele versteckte rezessive Fehler zeigen sich schließlich erst in zweiter Generation, da sie in der ersten durch die Anwesenheit dominanter Gene überlagert werden.

Die beste und sicherste Methode ist aus all diesen Gründen deshalb letztendlich die, das neue Blut zuerst in eine kleine Gruppe der eigenen Zucht zu integrieren und eine separate Linie daraus aufzubauen. Wenn sich nach nicht allzu kurzer Zeit zeigt, dass sich die Infusion vorteilhaft ausgewirkt und keine neuen Schwächen und Fehler gebracht hat, kann man diese neue Linie zuerst in eine der eigenen Linien integrieren, und wenn auch das funktioniert, in weitere.

Eine gute Verfahrensweise, eine Linie in eine andere gefestigte Linie einzuführen, um deren Merkmale im kleinen, aber signifikanten Maßstab zu verbessern, bietet die 1/16-Methode. Sie dient nicht dazu, die eigene bestehende Linie komplett zu verändern.

Die Idee dahinter ist die, ein einzelnes Individuum mit den gewünschten Merkmalen in die eigene Zuchtfamilie zu integrieren, um diese zu ergänzen oder zu verbessern. Hierbei wird nach der ersten Kreuzung immer wieder auf die eigene Linie zurückgekreuzt, bis man bei 15/16 des eigenen, also 1/16 des fremden Blutes angelangt ist. Natürlich ist in jeder Generation eine passende Selektion durchzuführen, um sicherzustellen, dass das gewünschte Merkmal, das den Ausschlag für die Infusion gegeben hat, beibehalten und gesichert wird.

Was am Ende bleibt, ist eine Linie oder Zuchtfamilie, die ein wenig besser in einem oder mehreren Punkten ist.

1/16 Methode:

Methode für die Einführung neuer Merkmale in eine bereits gefestigte Familie oder Linie

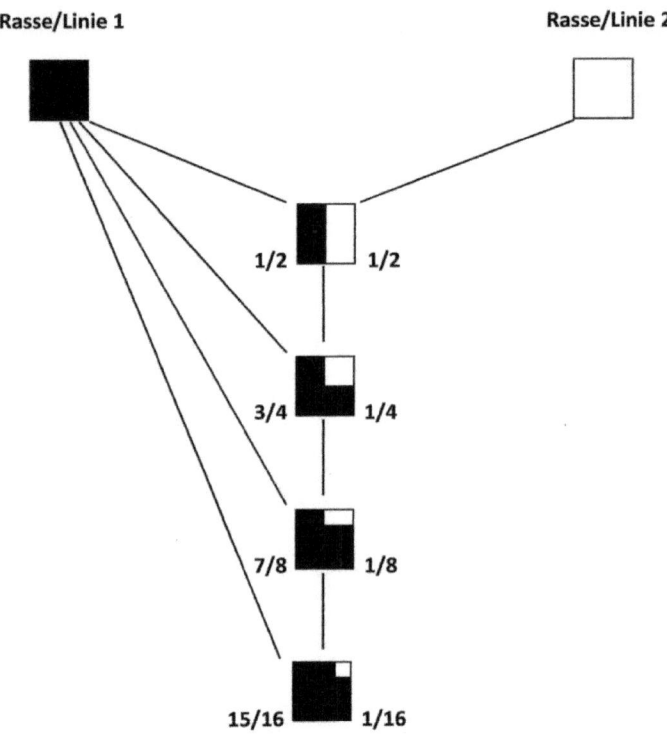

Abb 3: 1/16 Methode

Risiken und Tipps

Auch wenn es bei vielen Züchtern Praxis ist, ständig neues Blut in die eigene Zucht zu kreuzen, muss man doch sehr vorsichtig sein, um die Qualität der eigenen Tiere dadurch nicht zu zerstören. Es ist niemandem geholfen, wenn man besonders schöne, vererbungssichere Tiere für einen hohen Preis erwirbt und in der Folge durch maßloses Kreuzen die Originalität dieser Tiere wieder verliert.

Sollte es doch einmal nötig werden, fremdes Blut in seine Zucht zu bringen, so muss man bei der Nachzucht aus der Kreuzung akribisch auf deren Kennzeichnung achten, um später genau zu wissen, welche Tiere aus der eigenen Zucht und welche aus der Kreuzung resultieren.

Die gleiche Sorgfalt sollte man bei der Auswahl des fremden Blutes walten lassen und ebenso des Ausmaßes, in dem dieses neue Blut in die eigene Zucht integriert wird. Es ist wichtig, keine Fehler und unerwünschten Merkmale oder Erkrankungen einzuführen. Die Idee hinter der Einführung fremden Blutes ist die Stärkung und Verbesserung der eigenen Zucht, nicht ihre Verschlechterung!

In gut durchgezüchteten Zuchtfamilien ist die Gefahr ihrer Verschlechterung durch die Einfuhr neuen Blutes größer als die Gefahren durch Fehlen neuen Blutes. Wenn ein Züchter seine Zucht durch gezielte Methoden zu einer qualitativ hochwertigen gebracht hat, sollte er gut nachdenken, bevor er neues Blut einkreuzt.

Zusammenfassung

Zu einer durchdachten und Erfolg bringenden Inzuchtstrategie gehören neben der Inzucht die Linienzucht und die Auskreuzung. Nur die Anwendung aller Maßnahmen gemeinsam schafft die Möglichkeit, seine gesamte Zuchtfamilie stetig zu verbessern und die Zucht auch auf lange Sicht auf stabile Beine zu stellen.

Um die Praxis noch einmal zusammenzufassen: Ein erster Schritt ist der, gute Tiere durch Inzucht in ihren Merkmalen zu festigen, wenn sie das nicht bereits sind. Aus diesen miteinander verwandten Tieren werden im besten Falle mindestens vier Linien geformt. Es ist hierbei weniger relevant, wie genau dies vonstattengeht.

Nehmen wir an, man würde mit einem Hahn und zwei Hennen beginnen. Es wäre denkbar, eine Linie aus diesem Hahn und Henne 1 zu formen, eine zweite aus dem Hahn und Henne 2. Dies sollen nur Beispiele sein. Auch spätere, neue Linien aus Tieren, die etwa zur Hälfte das Blut der Linie 1 und die Hälfte der Linie 2 tragen, ist denkbar.

Es ist nicht notwendig, dass sich alle geführten Linien komplett gleichen. Auch eine Selektion der einzelnen Linien für bestimmte Farben oder andere Attribute kann vollzogen werden. Möglicherweise fallen während der Zucht Tiere, die eine Farbmutation aufweisen, und man möchte daraus eine weitere Linie formen.

Nachdem die einzelnen Linien für mehrere Jahre separat, also nur innerhalb der jeweiligen Linie, gezüchtet wurden, wird das Mittel der Auskreuzung angewandt, um den Linien frisches Blut zuzuführen. In der Folge wird dann erneut in die jeweilige Linie zurück gezüchtet. Das heißt, wenn Linie 1 eine Auskreuzung durch Linie 2 erfahren soll, werden die Produkte aus dieser Auskreuzung, die nun 50 Prozent Linie 1 und 50 Prozent Linie 2 sind, erneut mehrfach mit Tieren aus Linie 1 gepaart. Auf diese Art behält sich die Originalität der einzelnen Linien. Wenn die Auskreuzung unter anderem dem Zweck diente, ein bestimmtes Merkmal aus Linie 2 in Linie 1 zu bringen, muss hierauf natürlich im weiteren Selektionsprozess geachtet werden. Somit kann die gesamte Zuchtfamilie, welche alle Zuchtlinien umfasst, auf Dauer erfolgreich sein und sich stetig weiterentwickeln, auch ohne die Zufuhr fremden Blutes.

Was die Zucht innerhalb einer Linie angeht, ist es sicherlich auch möglich, eine etwas weniger strenge Zuchtmethode wie die der mehrmaligen Rückpaarung an ein Ausgangstier zu praktizieren, wenn einem das aus irgendeinem Grund nicht behagt. Wichtig ist jedoch, dass für längere Zeit innerhalb der jeweiligen Linie gezüchtet wird, um die gewünschte Reinerbigkeit zu erzielen. Ein übermäßiges Verkreuzen zwischen den einzelnen Linien würde dem gesamten System entgegenstehen, da dies im Grunde der Zucht mit nur einer Linie entspräche. Wirkliche Auskreuzungen zwischen den sogenannten Linien wären somit kaum mehr möglich.

Egal, wie jeder Züchter seine Zucht am Ende ausführt, es geht mir in diesem Buch hauptsächlich um die Erklärung der einzelnen Begriffe und wie eine Inzuchtstrategie im besten Falle auszusehen hat. Jeder kann und darf seine eigenen Erfahrungen machen und daraus lernen, denn in der Zucht gibt es immer wieder etwas Neues zu entdecken und dazuzulernen, was dieses Hobby zu einem so interessanten macht.

Viele Zuchtfreunde, die dieses Buch lesen, werden bereits Geflügel züchten und nicht erst am Anfang stehen. In diesem Fall sind vielleicht bereits Tiere verschiedener Herkunft vorhanden, oder es werden einzelne, wenig verwandte Linien einer Rasse gehalten. Wenngleich die hier beschriebene Inzuchtstrategie von mehreren Linien gleicher Herkunft ausgeht, so ist es ebenso denkbar, und für den einen oder anderen womöglich sinnvoller, mehrere Linien verschiedener Herkunft zu führen, um sein bereits mühsam gesammeltes Zuchtmaterial nicht über Bord werfen zu müssen. Eine in manchen Punkten etwas abweichende Verfahrensweise der Zucht macht die generell getroffenen Aussagen in diesem Buch deshalb nicht unwahr oder weniger wertvoll. Das grundsätzliche Verständnis und die Erklärung der Inzucht und ihrer Strategien stehen im Vordergrund.

Beim Führen unverwandter Linien ist es mindestens genauso wichtig, eine strikte Selektion innerhalb der einzelnen Linien durchzuführen. Man muss diese in Bezug auf ihre genetische Zusammensetzung genau kennen, gerade um nicht beim späteren Auskreuzen die vererbbaren Fehler zwischen den Linien hin und her zu schieben. Das bedeutet natürlich etwas mehr an geistiger Arbeit, da man hier die Fehler und Schwächer mehrerer Ursprungstiere im Blick haben muss. Bei Linien der gleichen Abstammung ist das Feld der Schwachpunkte insgesamt meist kleiner.

Die Reinheit einer Linie misst sich in der Homozygotie ihrer Merkmale. Natürlich bringt ein Anstieg der Reinerbigkeit automatisch auch eine genetische Verarmung mit sich, da ein in großen Teilen mischerbiges Tier auch eine größere Anzahl an unterschiedlichen Allelen trägt. Eine große Bandbreite an genetischen Informationen, also Heterozygotie, bedeutet wahrscheinlich eine größere Anpassungsfähigkeit an veränderte Umweltbedingungen. Diese mögliche Anpassungsfähigkeit wird durch den Anstieg der Reinerbigkeit verringert. Auf der anderen Seite ist aber ebenso davon auszugehen, dass auch aus der Reinerbigkeit einiger Merkmale Vorteile entstehen. Am Anfang des Buches war von wilden Bankiva- Hühnern die Rede, die mitunter eine natürliche Linienzucht betreiben, da sich der dominante Hahn auch mit seinen in der Gruppe verbleibenden Töchtern, Enkeltöchtern usw. verpaart. Die Stärke und Fitness, die ihm dazu verholfen hat, der dominante Hahn einer Gruppe zu werden, wird durch diese „Zuchtmethode" in einem höheren Grade an seine Nachfahren weitergegeben, wodurch diese einen Vorteil durch den Anstieg der Reinerbigkeit für diese Punkte haben dürften.

Auch kann man wohl kaum sagen, dass das Wegzüchten von körperlichen Schwächen wie etwa krummen Schwänzen oder Kippflügeln einen Nachteil für die Gesamtheit der Zuchtfamilie darstellt. Man sollte zuletzt auch nicht vergessen, dass es sich bei Rasse- und Zuchttieren um Tiere in menschlicher Obhut handelt, die im Normalfall nicht mit extrem schwankenden Umweltgegebenheiten zu kämpfen haben. Sie werden – je nach Rasse und Typ – für bestimmte Merkmale und Eigenschaften gezüchtet und hierfür sind geeignete Zuchtmethoden anzustreben.

Beispielhafte Übersicht über einige dominant-rezessive Verhältnisse zwischen vererbbaren Merkmalen

- Rosenkamm ist dominant über Erbsenkamm.

Anmerkung: Statt eines korrekten Rosenkammes fällt aus einer Verpaarung von (reinerbigen) Rosenkämmen mit Erbsenkämmen eine weitere Variante, der sogenannte Walnuss- oder Wulstkamm, wie er etwa typisch für die Malaien ist. Diese Kammform ist dominant über den Rosenkamm.

Der genetische Code für die verschiedenen Kammvarianten lautet wie folgt:

Walnusskamm:	Rosenkamm:	Erbsenkamm:	Einfach-(Steh)Kamm:
RRPP (reinerbig)	RRpp (reinerbig)	rrPP (reinerbig)	rrpp (reinerbig)
RRPp	Rrpp	rrPp	
RrPP			
RrPp			

- Erbsenkamm ist dominant über Einfachkamm.

- Hoher Stand ist dominant über niedrigen Stand.

- Fußbefiederung ist in den meisten Fällen dominant über unbefiederte Läufe.
   Bei vielen Haubenhühnern mit Fußbefiederung geht dieses Merkmal allerdings auf einen rezessiven Faktor zurück. Hier treten bei Kreuzung mit glattbeinigen Rassen ausschließlich glattfüßige oder nahezu glattfüßige Tiere auf.

Auch bei dem dominanten Faktor variiert die Beinbefiederung der Kreuzungstiere mitunter stark, was auf zusätzliche Modifikatoren hindeutet.

- Weiße Haut ist dominant über gelbe Haut.

- Braun-schwarze Augen sind dominant über orange-rote Augen.

- Orange-rotes Auge ist dominant über perlfarbiges Auge.

Bei all diesen Beispielen ist zu beachten, dass bei genereller Aussage über Dominanzverhältnisse von reinerbigen Tieren ausgegangen werden muss. Zwei Tiere mit braun-schwarzen Augen, die jeweils spalterbig für orange-rote Augen sind, können deshalb ebenso teilweise Nachzucht mit orange-roten Augen hervorbringen, auch wenn braun-schwarze Augenfarbe dominant über orange-rot ist.

- Relativ komplex, weil von mehreren Genorten beeinflusst und durch unterschiedliche Faktorenzusammensetzungen hervorgerufen, ist die Vererbung der Lauffarbe, gerade wenn es um graue oder schwarze Lauffarbe geht. Das heißt im Klartext, dass bei zwei unterschiedlichen Rassen auch unterschiedliche Modifikatoren für die Ausprägung einer dunklen Lauffarbe verantwortlich sein können. Dies macht es schwierig, eine allgemein gültige Aussage in Bezug auf die Dominanzverhältnisse zu treffen, da dies auch immer sehr von den jeweiligen miteinander verkreuzten Rassen abhängt. Zudem haben wir es hier teilweise mit geschlechtsgebundenen Faktoren zu tun.

Will man trotzdem eine vorsichtige Aussage tätigen, so kann man sagen, dass tendenziell weiße und fleischfarbige Läufe dominant über gelbe Läufe sind, gelbe Läufe dominant über grüne.

Gerade die Einlagerung von schwarzem Pigment beruht, wie

gesagt, auf einer ganzen Reihe von rasseabhängigen Modifikatoren und ist demnach auch von den jeweils beteiligten Rassen abhängig.

Wer sich in Bezug auf diese Zusammenhänge tiefgründiger informieren möchte, dem sei das Buch „Vererbung bei Hühnern und Wassergeflügel" von Armin Six und Bettina Müller ans Herz gelegt.

Erklärung einiger Begriffe

Allel – Ausführung bzw. Zustandsform eines Genes. Durch den doppelten Chromosomensatz in den Körperzellen sind an einem Genort zwei paarige (homologe) Gene, genannt Allele, vorhanden. Die beiden Allele an einem Genort müssen nicht identisch sein (Heterozygotie).

Chromosom –Teil der Erbinformation (des Genoms) eines Organismus. Das gesamte Genom ist in mehrere „Portionen" aufgeteilt, den sogenannten Chromosomen. Jede Tierart hat einen für sie charakteristischen Chromosomensatz (Anzahl der Chromosomen). Ein Rind beispielsweise hat 60 Chromosomen, Hühner 78. Sie liegen in allen Zellen (außer den Keimzellen) doppelt vor (diploid). Ein Rind hat somit 30 Chromosomenpaare. Dabei ist ein Satz vom Vater (50 %), der andere (homologe) von der Mutter (50 %).

Gen – bestimmter Abschnitt eines Chromosoms, der eine Eigenschaft im Organismus beeinflusst

Genort – die Position eines Gens auf den Chromosomen. Durch den doppelten Chromosomensatz sind an jedem Genort zwei Gene, genannt Allele, vorhanden.

Genotypisch – die genetische Zusammensetzung eines Individuums, also sein individueller Satz von Genen, den es im Zellkern jeder Körperzelle in sich trägt. Nicht alle genetisch vorhandenen Gene prägen sich auch optisch aus (Vgl. phänotypisch).

Heterozygot – mischerbig, zwei unterschiedliche Allele an einem Genort

Homozygot – reinerbig, zwei gleiche Allele an einem Genort, somit kann nur eine Eigenschaft vererbt werden (Homozygotie).

Phänotypisch – die sichtbare Ausprägung (Erscheinungsbild) der genetischen Zusammensetzung eines Individuums. Ein Huhn kann gleichzeitig ein Allel für weiße Gefiederfarbe und eines für schwarz tragen (Heterozygotie). Handelt es sich um das Allel für das rezessive Weiß, so wird das Tier (phänotypisch) schwarz, obwohl es an seine Nachkommen ebenso das Allel für Weiß weitervererben kann.

Zuchtfamilie – die gesamte, entfernt miteinander verwandte Familie, die aus mehreren Linien besteht.